孤獨的哲學

Ensomhetens filosofi

拉斯・史文德森 著
黃煜文 譯

Lars Fr. H. Svendsen

獻給希莉、伊本與露娜

導論

我在這裡只感到孤獨
我在這裡感到孤獨……
孤獨

——月犬（Moondog）

我以爲我了解孤獨，但其實我對孤獨的認知幾乎都錯了。我以爲男人比女人更容易感到孤獨，而孤獨的人比不孤獨的人更容易遭到孤立。我以爲獨居者的人數大幅增加，會讓感到孤獨的人數也明顯提升。我以爲社群媒體取代一般社交活動之後，會讓人更加孤獨。孤獨雖然是一種主觀現象，但我認爲了解孤獨最好的方式是從整個社會環境入手，而不是個人性格。我相信斯堪地那維亞國家的居民更加孤獨，而且程度還會愈來愈嚴重。不僅如此，我認爲這種愈來愈孤獨的現象與晚近的現代個人主義有關，我也相信個人主義社會比集體社會更令人感到孤獨。

在我處理的主題中，像孤獨這樣完全推翻我的假設的還是第一次。我對孤獨抱持的成見，其實在社會上相當常見。事實上，這些想法完全是大眾媒體灌輸給我們的刻板印象，例如最常見的「孤獨流行病」（loneliness epidemic）一詞：就在我寫作的當下，我在Google上搜尋「loneliness epidemic」，居然出現將近四十萬則資料。然而在談到孤獨問題時，這些假設營造出來的孤獨形象，卻嚴重地誤導了我們。其實，除了大眾媒體，我們幾乎很難在別的地方找到「孤獨流行病」的說法，特別是在這幾年，「孤獨」這個詞彙開始在大眾媒體頻繁出現。孤獨愈來愈受到關注，卻不表示孤獨的現象愈來愈普遍。

儘管如此，有個假設確實有幾分道理：對於受孤獨影響的人來說，孤獨可能是一個嚴重問題。對許多人來說，孤獨嚴重破壞他們的生活品質，更別說對他們的身心健康的損害。孤獨也是個令人難以啟齒的主題，因爲它令人感到羞恥。然而與此同時，我們生命中最好的時刻卻往往來自於我們獨自一人的時候。這種時候我們稱之爲獨處（solitude）。獨處可以讓我們重新檢視自己，以及自己與整個世界的關係。在本書中，我將試圖挖掘孤獨究竟是什麼，孤獨影響了誰，爲什麼人會產生孤獨的感受，孤獨爲什麼揮之不去，又爲什麼消失無蹤，以及個人與社會如何面對孤獨。

一般的人類現象

孤獨的情感不需要我來描述，每個人從小就知道孤獨是什麼，從你發現別人都有玩伴，只有你沒有的那一天開始；在派對上，你一個人也不認識，身旁的人全忙著交談，沒有時間理你；晚上，你躺在你的女朋友或男朋友身旁，卻心知兩人的關係已經結束；你一個人待在空蕩蕩的公寓裡，你的另一半已經收拾東西頭也不回地離開，這些都會讓你知道孤獨是什麼。

追求愛情總是需要代價，孤獨就是其中之一。你在意的人或你愛的人不在身邊，也許是前往遠方，也許是移情別戀，這都會讓你感到孤獨。當然，爲了避免傷害，你可以拒絕與人建立親密關係，但這麼做的代價就是產生更強烈的孤獨感。

孤獨將你與他人分開，這個過程其實蘊含著某種意義，而從這層意義來看，孤獨也將你與你自己的某個重要部分分開，這個重要部分只有當你與他人建立親密關係時才會存在與發展。斯湯達爾（Stendhal）寫道：「所有的事物都可以在獨處時取得，性格除外。」[1]然而，獨處無法取得的事物不只是性格而已。基本上，你不可能孤立於人群之外而還能成爲一個人。你與他人的連繫，你與他人的來往經驗，將形塑出你特有的人性。C・S・路易斯（C. S. Lewis）寫道：「從我們有完整的意識以來，我們便感受到孤獨。我們在身體上、情感上、思想上需要他人；如果我們想了解這個世界，甚至了解自己，我們少不了他人。」[2]不過，我們還必須更往前一步：我們也需要別人需要我們。

你可能在群眾中或在家裡感到孤獨，也可能在大自然中或在空無一人的教堂裡感到孤獨。無數的歌曲提到孤獨，但沒有任何一首能比〈一切都是孤獨〉（*All is Loneliness*）的反覆不斷與令人喘不過氣的憂鬱更能捕捉到孤獨的本質。這首歌的原作者是眼盲與無家可歸的紐約藝術家月犬（Moondog, 1916-1999）。他坐在曼哈頓的街角，在世界上人口數一數二稠密的市中心寫下這首歌。如格奧爾格・齊美爾（Georg Simmel）在他的論文〈大都會與心靈生活〉（*The Metropolis and Mental Life*）說的，很少有地方像大都會一樣讓人感到如此孤獨。[3]齊美爾強調，孤獨不表示缺乏社群，而是社群的理想無法得到實現。[4]如果我們不是社會的動物，孤獨就不可能存在。正因爲我們是社會的動物，我們才會覺得身處於社會空間卻無法與任何人建立親密關係會讓人感到如此孤獨。亞歷克西・德・托克維爾（Alexis de Tocqueville）早在一八三年代研究美國民主時就提出相同的論點。[5]托克維爾在一封信裡提到，獨自待在沙漠裡，反而比在人群中獨自一人好受。[6]《紐約客》（*New Yorker*）在二〇〇四年的一則漫畫充分描繪出大城市陰暗的一面，畫中顯示一名街頭小販掛了一個告示，上面寫著：「眼神接觸，一美元。」孤獨當然存在於大城市，但不是在大城市裡才找得到孤獨。只要有人的地方就有孤獨，在大城市裡未必比在小鎮或鄉村地區更容易感到孤獨。

有些時候，人們特別容易感到孤獨。一個從未感到孤獨的人，可能有情感缺乏或情感缺陷的問題。理由很簡單。人從小就需要與他人建立連結，但人終其一生，這種建立連結的需要並不是每次都能獲得滿足。另一方面，我們也必須坦承，在針對這個主題進行問卷調查時，絕大多數的受訪者都表示他們「從未」感到孤獨。我對此的解釋是：在一般情況下，人們並不會感到孤獨，但他們肯定知道孤獨的感覺是什麼，而這種孤獨感在他們的一生中隨時都有可能出現。

　　事實上，許多人認爲我們今日正身處於「孤獨的年代」，[7]我們實際上正面臨「孤獨流行病」[8]的肆虐。然而，我們也沒有理由相信孤獨在今日比過去更爲盛行。其實，已經有流行病學研究提供了一定基礎，讓我們能針對過去幾十年來的孤獨趨勢進行評估，而評估的結果大致顯示今日的人們並不會比過去更爲孤獨。此外，如果我們從思想史的領域進行考察，我們會發現孤獨的概念不同於「厭煩」（boredom）的概念。厭煩的概念在特定的時間點出現，然後迅速傳播成爲一種普遍概念，但孤獨卻非如此。[9]孤獨的概念從《舊約》時代就已經出現，之後持續發展，至今產生了各式各樣的孤獨面向。某些時代對孤獨的討論特別熱中，例如啟蒙運動與浪漫主義時代。但與「厭煩」不同的是，孤獨往往與這些時代出現的社會變遷有著直接而緊密的關係，因爲孤獨的存在源遠流長，從上古時代至今，孤獨一直是一種普遍的人類情感。近三十年來與孤獨有關的研究如雨後春筍般大量出現，人們日益關注孤獨問題或許讓我們有理由相信人們的孤獨感愈來愈強烈，但我們依然需要根據來證明這一點。

此外，當我在這本書裡對於孤獨與非孤獨進行區別時，這兩個彼此對立的觀念很可能讓讀者產生一種印象，以爲每個人的感覺都是一致的，因此可以截然劃分成各種類型，而各種類型之間有著清楚分明的界線。但實際上我們談的是一種連續的概念。當我針對孤獨提出一般陳述時，請讀者務必牢記，孤獨有著各式各樣的成因，孤獨的經驗也有著各種不同的內容。一個霸凌受害者的情感經驗主要來自於外部因素；而一個平日身邊總是圍繞著朋友與圓滿家庭的人如果經常覺得孤獨，那麼原因可能來自這個人的內在情感與認知傾向，或者是源自於情感與認知的養成過程。一般的陳述如「孤獨的人總是傾向於 x」，句中的 x 指認知、情感或行爲特質，這種說法放大強調了「孤獨的人」特別普遍的特徵，但每個孤獨的人都存在不小的差異，不一定每個孤獨的人都會表現出特別普遍的特徵。因此更好的做法應該是做出更細緻的區別，例如我們可以說x特徵在a類型的孤獨的人當中特別普遍，卻不會出現在b類型的孤獨的人身上。然而目前我們在這方面還未累積足夠的研究，因此尚未產生有意義的結果。

一般來說，人們總認爲與其他人一起共度一段時光，會比自己一個人更令人感到滿足，[10]然而有的時候也因人而異。獨自一個人，本質上既不能說是正面的，也不能說是負面的。一切要看你單獨的方式。獨自一個人——我是單獨的，但我也擁有完整的自己——可以享有完全屬於自己的最好時刻，但也必須面對自己的最壞時刻。E・M・蕭沆（E. M. Cioran）在描述單獨的正面之處時寫道：「此刻，我獨自一人。我還有什麼可追求的？此刻的我是最幸福的時候。是的，在一片靜默中，我聆聽獨處的自己不斷延伸擴展。」[11]另一方面，沙特（Sartre）的《嘔吐》（*Nausea*）則描述了單獨最負面的部分，他寫道：

我對獨處如此恐懼，以致起了自殺的念頭。唯一能讓我打消主意的是，一旦我想到沒有人——一個人也沒有——在乎我的死亡，那麼死去的我將比活著的我更加單獨。[12]

沙特的主人翁羅岡丹（Roquentin）說出如此絕望的話，但並非只有他是如此。馬克・吐溫（Mark Twain）筆下的哈克貝克・費恩（Huckleberry Finn）與J・D・沙林傑（J. D. Salinger）的霍爾頓・考爾菲德（Holden Caulfield）以及其他無數的小說主角都曾抱怨他們實在孤獨地想死。然而，有些人雖然也感受到孤獨隱含的痛苦，卻相信這種經驗是個人成長的必要條件。這是爲什麼萊納・瑪利亞・里爾克（Rainer Maria Rilke）會如此寫道：「熱愛你的獨處，而且要忍受獨處帶給你的痛苦，因為它能讓你寫出動聽的悲歌。」[13]

人生充滿變數，沒有人能保證自己在人際關係上的各種需求都能獲得滿足。有些人很少感到孤獨；有些人幾乎從未感到孤獨；有些人則絕大多數時候都感到孤獨。孤獨可能出現在日常生活中，也可能出現在嚴重的生命危機中。我們都知道孤獨的感受，但我們經歷孤獨的方式卻不盡相同。極少數人會因爲孤獨而產生長期的嚴重問題。但有些人確實會在各種不同的處境中感到孤獨，而且頻繁到甚至可以視爲長期性的。周期性的孤獨雖然也會令人感到不適或痛苦，但這種孤獨是可排遣的，長期性的孤獨卻可能損害一個人的完整存在。

在電影世界裡，有一個長期孤獨的例子，他就是馬丁・史柯西斯（Martin Scorsese）執導的《計程車司機》（*Taxi Driver*）的主角崔維斯・比克爾（Travis Bickle）。比克爾說：「從我出生到現在，孤獨一直跟著我，到哪兒都不放過。在酒吧裡，在車裡，在人行道上，在商店裡，每個地方，我無處可逃。我是上帝的孤獨者。（I'm God's lonely man）」（順帶一提，最後一句話出自湯瑪斯・伍爾夫〔Thomas Wolfe〕著名的隨筆標題，由編劇保羅・許瑞德〔Paul Schrader〕加以援用。）從這個脈絡來看，值得一提的是，亞當的孤獨是上帝創造時首次感到不滿意的事物：「神說：『那人獨居不好。』」[14]這個主題經常出現在《聖經》裡。在《詩篇》中，大衛抱怨沒有人眷顧他；[15]《傳道書》強調孤獨的人生活較爲辛苦。[16]而除了十字架上的基督，幾乎不會有人比約伯（Job）更爲孤獨。

我們每個人天生都帶有表裡不一或敵對的傾向，我們親近人群，因爲我們需要人群；我們遠離人群，因爲我們需要與人保持距離，我們想獨自一人。伊曼努爾・康德（Immanuel Kant）提出「非社會的社會性」（unsocial sociability），相當準確地描述了這種傾向。[17]兩個對立的極端都包含了孤獨，差別在於一個極端對於孤獨的體驗是負面的，另一個極端則是正面的。這種二元性也出現在各種對孤獨的描述上，而這些描述也都呈現出鮮明的負面或正面特質。一個現象可以產生兩種彼此衝突的描述，確實是一件奇怪的事。在拜倫勳爵（Lord Byron）的《恰爾德・哈羅爾德遊記》（*Childe Harold's Pilgrimage*）中，獨處是「我們最不單獨」的狀態。[18]約翰・米爾頓（John Milton）在《失樂園》（*Paradise Lost*）裡寫道：「獨處有時是最好的社會。」[19]相反地，安布羅斯・比爾斯（Ambrose Bierce）的《魔鬼辭典》（*Devil's Dictionary*）則把「獨自一人」定義爲：「與糟糕的人為伍。」[20]塞繆爾・巴特勒（Samuel Butler）把憂鬱形容成一個人踏進這個世界上最糟糕的社會：他自己。[21]這幾個作家明明講的不是同一件事，卻使用相同的表達方式。

英語區別了「孤獨」（loneliness）與「獨處」（solitude）。在較早的時期，這兩個詞其實可以彼此互換，然而最終在意義上還是形成清楚的區別：孤獨更常表示負面的情感狀態，而獨處則用來表示正面的情感狀態。不過還是有例外，在艾靈頓公爵（Duke Ellington）悲傷的爵士標準曲〈獨處〉（*Solitude*）中，歌唱者沉溺在已經遠去的愛人的記憶裡，他感到如此絕望，甚至擔心自己快陷入瘋狂。在心理學與社會學研究中，孤獨受到的關注遠超過獨處，但在哲學領域則比較沒有那麼片面。

人可能不會察覺到自己遭到疏遠，但不太可能不知道自己感到孤獨，因爲根據定義，孤獨感指因爲缺乏人際關係而產生的不適或痛苦。渴望是孤獨的必要成分。渴望意謂著希望泯除自己與自己在意的人之間的身體或心靈的距離。渴望指希望好久不見的家人或朋友，離家的孩子、缺席的父母、分手的男女朋友能夠出現在自己面前。渴望也意謂著希望與眼前的人拉近距離，例如在婚姻中漸行漸遠的兩個人。渴望也可能是不特定的，只是單純想跟某人親近，卻不知道這個人會是誰。渴望本身就是痛苦的，少了渴望，人可能獨自一人，但卻不孤獨。事實上，有些人因爲缺少這種渴望而被診斷爲「喪失社交樂趣」（social anhedonia）。一般來說，這些人並不渴望與社會接觸，他們與產生社交焦慮的人不同，後者對於社會領域的態度更爲曖昧，他們一方面渴望社會接觸，另一方面又害怕社會接觸。喪失社交樂趣的人幾乎或完全不需要社會接觸，因此不會感到孤獨。

如前所述，孤獨是一種情感回應，一個人想與其他人產生連結，卻無法得到滿足，在這種情況下，就會產生孤獨感。我們必須記住，孤獨是一種「情感」，人們經常把孤獨與其他「現象」混爲一談，特別是單獨。獨自一人與感到孤獨是兩種截然不同的現象。兩者在邏輯與經驗上是彼此獨立的。我們可以把孤獨描述成社會退縮：一種令人不適的感受，使我們察覺到自己在人際關係上的需求未能得到滿足。我們也可以把孤獨描述成社交痛苦。事實上，社交痛苦的感受也與身體的痛苦有關，兩者都遵循相同的神經傳導路徑。[22]與身體的痛苦一樣，社交的痛苦使人想把痛苦的來源去除，也就是社會領域。我們也發現，有幾個性格特徵與孤獨高度相關，而這些性格特徵又會使人更難與他人建立親密關係。因此，孤獨具有一種自我加強的傾向。

孤獨的哲學

孤獨是廣受探討的主題，因爲我們每個人都有過孤獨的經驗。儘管如此，在談到孤獨的來源時，每個人的親身經驗卻不是那麼可靠。我們不僅無法用自己的經驗來推論出別人的經驗，就連我們自己也無法適當地掌握自己的經驗。如果我們想說出更具有效性的內容，而不只是單純描述自己的經驗，那麼我們就不能只是進行回顧與反省而已。我們必須求助廣泛的研究領域，例如社會學、心理學與神經學的大量經驗數據。[23]要對孤獨進行適當的哲學探索，就必須考慮近年來其他學科研究孤獨取得的經驗資料，在幾個關鍵點上，這些學科的發現更正了人們早期對孤獨的看法。因此，本書除了與其他哲學著作一樣進行概念分析之外，也涵蓋了各種經驗發現。

可能有人會問，這本書的書名爲什麼叫《孤獨的哲學》（*A Philosophy of Loneliness*）。這本書爲什麼能算是一本哲學著作？最明顯的答案或許是，這本書是哲學家寫的，而且書中大量引用其他哲學家的作品。儘管如此，什麼是哲學與什麼不是哲學，兩者之間的區別卻不是那麼明顯。過去十到十五年來，有些哲學學科已經開始吸收經驗科學的卓越見解，相較於幾乎完全局限於邏輯與概念分析的二十世紀哲學，我們可以明顯發現兩者之間的對比。然而，回顧整個哲學的歷史，我們會發現哲學與經驗科學的整合才是主流，各自為政反而是例外。事實上，哲學與科學截然二分是相當晚近的事。因此，哲學最近開始轉向經驗科學可以視為是對傳統哲學模式的回歸，而不是激進地背離哲學本身。

本書分成八章。第一章不是從哲學切入，而是從心理學與社會科學的角度描述孤獨，但第一章也釐清了幾個概念，例如單獨與孤獨的不同，而且也對不同的孤獨類型做全盤的介紹。我們發現，單獨與孤獨最根本的不同在於情感要素，而為了更深入了解這個觀念，第二章將對情感的本質進行簡短的討論，並將凸顯出孤獨其實是一種情感。在第三章，我將更仔細地觀察孤獨的人與特別容易放大孤獨經驗的幾個要素。從這點來看，缺乏信任或許會是最重要的因素，可以用來解釋個人的孤獨與孤獨為什麼在不同的國家會有不同的盛行率。因此，信任將成為第四章的主題。更進一步來看，孤獨是不是愛情與友情的相反詞？為了更深入了解孤獨，我將在第五章探討友情與愛情在人生中扮演的角色。孤獨本身有助於解釋爲什麼友情與愛情對於營造有意義的人生與獲取幸福至關重要。然而，絕大多數討論孤獨的作品都認爲現代個人主義是造成孤獨的主因之一。因此，我們將在第六章更仔細地檢視現代個人，思考我們探討的現代個人是個什麼樣的生物，是否她或他特別容易被孤獨糾纏。接下來，第七章將說明與討論獨處這個孤獨的正面形式。事實上，我們今日面對的主要問題並非孤獨感愈來愈重，而是獨處的機會太少。最後，結論將討論個人的責任問題。我們每個人對於排遣自身的孤獨都負有責任。

1

孤獨的本質

現在，我整個人生的信仰，都建立在這個信念上，孤獨並非一種罕見而奇特的現象，孤獨也不是我自己以及其他極少數離群索居的人所獨有，孤獨是人類存在的核心與不可避免的事實。當我們檢視各色各樣的人的各種時刻、行動與陳述——不只是最偉大的詩人的悲傷與狂喜，也包括一般人蒙受的巨大不幸，這些清楚表現在，當我們走在街上，與迎面而來的人群擦身而過時，耳邊不斷傳來無數刺耳的話語，人們持續地咒罵、怨恨、輕視、懷疑與奚落——我想，我們發現到，所有人都因為相同的事情所苦。他們埋怨的最終源頭就是孤獨。

——湯瑪斯・伍爾夫（Thomas Wolfe），《遠山》（*The Hills Beyond*）

孤獨有著各種不同的定義，但這些定義都具備一些共通點：感受到痛苦或悲傷，覺得自己遭到孤立或獨自一人，缺乏與他人的緊密連結。絕大多數定義都是從這三種基本特徵變化出來的。然而，這些基本的定義依然留下了一些待解的問題，例如孤獨感是源自於內在還是外在，孤獨感是個人自身的性格造成的，還是個人生活的環境造成的。另一方面，有些定義則毫無用處，例如挪威公共衛生研究院（Norwegian Institute of Public Health）以缺乏社會支持或類似協助來定義孤獨，這種說法毫無根據，原因很簡單：我們知道有些人擁有適當的社會支持，卻仍陷入長期孤獨；[1]而有些人缺少社會支持，卻不感到孤獨。社會支持與孤獨之間的確存在著統計上的關係，但兩者之間並不存在必然連結，因此孤獨的界定必須根據主觀經驗，而非如「缺乏社會支持」這樣的客觀決定因素。

「孤獨」（Lonely）與「單獨」（Alone）

英文的「孤獨」（lonely）最早出現在莎士比亞（William Shakespeare）的《科利奧

蘭納斯》（*Coriolanus*），用來表示孑然一身（aloneness）的狀態。這種用法可能讓我們以爲孤獨與單獨的意義大致相同，而人們確實普遍認爲孤獨的人較爲單獨；單獨的人通常較爲孤獨。不過我們將會發現，不管從邏輯還是經驗上來說，孤獨與單獨是各自獨立的。判別孤獨的標準不在於個人的身邊是否有他人或有動物圍繞、陪伴，而在於個人如何感受自己與他人的關係。

我們可以說，當面對眼前的世界時，每個人都是單獨的：當你與數百人一起聆聽演講時，就某種意義來說，你是獨自聆聽講者說的每一句話；在大型演唱會上，雖然身旁圍繞著數千人，你也是獨自聆聽著音樂，因爲這關乎「你自身」的經驗。當然，我們也會與他人分享自己的經驗，我們對他人的反應做出回應，並且用話語將自身的回饋傳達給他人，我們會用模仿與姿態動作來表現我們在演講或演唱會上體驗到的事物。儘管如此，我們的經驗總是含有私人的成分，而這個成分無法充分分享給他人。例如，疼痛本身是無法分享的。當疼痛嚴重到某種程度時，它足以摧毀一個人的世界與語言。疼痛可以毀滅說話的能力。[2]一個人可以「說」他哪裡痛，但當疼痛極度嚴重時，恐怕連話都說不出來。人無法將劇烈的疼痛分享給他人，因爲當一個人的世界完全充斥著疼痛時，他已經沒有餘裕再做其他的事。當然，我們不僅能想像他人的疼痛，我們還可以在某種程度上感受他人的疼痛，因爲當我們發現另一個人正在受苦時，我們也會感到痛苦。儘管如此，他人感受的疼痛，與我們對他人疼痛的反應，兩者之間畢竟存在著隔閡；這種經驗反映出我們與他人之間橫亙著難以跨越的鴻溝。

就某種意義來說，我們都是單獨的。在T・S・艾略特（T. S. Eliot）的《雞尾酒會》（*The Cocktail Party, 1949*）中，瑟莉亞（Celia）在情人愛德華（Edward）決定回到自己妻子身邊之後，內心不禁浮現這樣的念頭。瑟莉亞說，分手不僅在當下使她成爲獨自一人，且還讓她察覺到自己一直是獨自一人，而她也將一直獨自一人。這樣的發現不僅關乎她與愛德華的關係，也關乎她與每個人的關係：每個人都是單獨的，大家發出聲音與模仿他人，相信自己是在進行溝通與了解彼此，但實際上這一切都是幻覺。雖然瑟莉亞用的是「單獨」這個詞，但她描述的卻是「孤獨」，一種與他人失去連繫的痛苦感受。瑟莉亞的說法在一定程度上是正確的，從出生到死亡，我們都是單獨的。我們擁有一個與自身連繫的自我，這個自我使我們意識到：我們與他人毫無瓜葛。

人可能感受到一種形而上的孤獨（metaphysical loneliness），相信自己注定永遠孤獨，無法與他人連結，因爲這個世界就是這樣，我們最終只能自己一個人活下去[4]。另一種與形而上的孤獨相關的類型是認知上的孤獨（epistemic loneliness），認爲人永遠無法與他人溝通或了解他人，因此人也永遠無法被他人了解。伯特蘭・羅素（Bertrand Russell）在自傳提到這種類型的孤獨時寫道：

> 每個對人生深有體會的人，肯定曾在人生的某個時刻感受到其他人也曾感受到的、意想不到的孤獨感。一旦發現別人跟自己一樣感到孤獨，人與人之間便建立起一種全新而意想不到的緊密關係，這種油然而生的憐憫，讓人感到溫暖，內心的失落也幾乎獲得了補償。[5]

弔詭的是，當羅素領悟每個人都是孤獨的動物時，卻發現人與人之間因爲孤獨而建立了連結，而這個連結又幾乎能克服孤獨。這種與孤獨相關的經驗與思考，與單獨大異其趣。

「單獨」基本上是一個可以用數量表示的外在詞彙，它描述的不過是獨自一人，沒有人在身旁陪伴的狀態。單獨也不是評價性的詞彙，它並未對獨自一人的事實賦予正面或負面的評價。如果從上下文來考量，「單獨」當然可以具有評價性，例如有人說：「我現在獨自一人！」他的語氣是雀躍還是沮喪，決定了單獨被賦予正面還是負面評價。另一方面，「孤獨」則總是帶有評價性，在絕大多數的狀況下，「孤獨」都是用來表達負面狀態。而人們卻可以說：「我很享受獨自一人的生活。」也就是說，「孤獨」具有「單獨」不一定具備的情感面向。

我們可以根據人在獨自一人時與他人維持的關係類型，來判斷這個人處於哪一種單獨形式。舉例來說，我們可以遠離人群，獨自一人走進大自然。單獨也有制度化的形式，例如每個人都有權利擁有私人的生活。私人生活是一種制度，讓人在維持社會群體的同時，又能脫離社會群體。最後，一個人因爲在社會遭到孤立，而陷入獨自一人的狀態，這樣的人其實想擁有社會關係，但內心的欲望卻未能獲得滿足。

有些人一直獨自一人，卻從不感到孤獨；有些人雖然大部分時間身旁有朋友與家人陪伴，卻感到分外孤獨。事實上，一般人醒著的時間有將近八成是跟其他人在一起，[6]然而這些人並不會因此不感到孤獨。在不同的問卷調查中，回答自己「經常」或「很常」感到孤獨的人都有一個共同特徵，那就是他們獨處的時間並不比回答不感到孤獨的人來得長。[7]研究人員在閱讀了四百多篇研究孤獨經驗的論文之後，發現一個人在人群中遭到孤立的程度與他內心感受到的孤獨強度，兩者完全沒有相關性。[8]因此，一個人身旁有多少人陪伴，與這個人有多孤獨，兩者並無相關性。然而，也有一些指標顯示，最感到孤獨的人，身旁往往有人陪伴。因此，單獨與孤獨，兩者在邏輯與經驗上是各自獨立的。

以孤獨為主題的新聞報導，經常在耶誕節與復活節前後出現，這些報導裡的人物往往形單影隻感到孤獨。這使得大眾產生一種印象，以為這些人是因為獨自一人所以才感到孤獨。當然，如果是喪偶的老年人，那麼他們的孤獨顯然主要來自於單獨生活。儘管如此，我們也不能妄下定論，認為單獨且孤獨的人，正是因為獨自一人所以才感到孤獨，因為相反的狀況也可能成立。我們將會看到，孤獨的個人具有某種性格特徵，使他們難以與他人建立關係。因此，我們無法從一個人身邊有多少人陪伴來預測他是否感到孤獨，而應該從一個人的社會互動是否能滿足他或她的連結欲望來做判斷——也就是說，他們是否覺得自己的社會互動具有意義。[9]孤獨是一種主觀現象。一個人無法滿意與他人的關係時，就會感到孤獨，無法滿意的原因可能是人際關係太少，也可能是現有的關係無法滿足他對親密的渴望。

爲了解釋社會孤立與孤獨的依存關係，有人發展了所謂的孤獨認知差異模式（cognitive discrepancy model of loneliness）。[10]根據這個理論，每個人心理都有一套內在標準或內在期望，而且會根據這套標準或期望來衡量自己與他人的關係。如果自己與他人的關係符合標準，他們就會對這個關係感到滿意，並且不會感到孤獨。相反地，如果自己與他人的關係無法達到標準，他們就會感到孤獨。同時，其他的研究也發現一個令人意外的結果：如果一個人擁有的朋友數量「超過」他自己認定的理想值，這個人感到孤獨的可能性將會增加。[11]

在社會網路裡，與個人最親近的四個人可以爲個人提供最堅固的防護，使他能抵禦孤獨的侵襲，額外的關係雖然也能產生防護，但效果只會遞減。[12]如果個人擁有多樣的人際關係，例如與某些人的關係較親近，與另一些人的關係較疏遠，並且同時擁有朋友與家人，其孤獨的可能性也會降低。當被問到比較喜歡什麼樣的人際關係時，絕大多數人明確地回答，他們希望擁有人數不多但比較要好的朋友，遠超過擁有一大堆關係不親密的朋友。[13]社會網路的品質比數量來得重要，然而在無法提升品質的狀況下，社會網路較廣闊的人比起較狹窄的人更不容易孤獨。

此外，孤獨的社會認知理論認爲，孤獨是因爲對社會威脅高度敏感而產生的。[14]也就是說，孤獨的人擔心自己缺乏與他人連結，因此總是在既有的關係中尋找可能失敗的跡象，結果反而損害自己與他人的關係，進一步加強孤獨的傾向。不僅如此，社會排斥也會讓個人對他人的排斥更加敏感，使個人在既有的關係中不斷尋找可能遭受他人排斥的跡象，導致個人在社會處境中因爲過於小心謹慎而變得畏畏縮縮，而這種狀況又反過來讓個人行爲更容易遭到他人排斥。在第三章，我們將檢視支持這種社會認知理論的經驗證據。

孤獨與生命意義

長期孤獨與實際生活引發的社會孤立，必定會造成生命意義的貧乏。[15]我們當然可以從各種不同的角度探討生命意義，然而無論從哪一種角度切入，我們都會發現人與人之間的關係對於一個人的生命意義有著決定性的影響。[16]少了人際關係，人的存在將會崩解。威廉・詹姆斯（William James）做出了相當精確的觀察：

我無法想像有任何懲罰——如果實際上真有這種懲罰的話——會比一個人被社會放逐，被社會成員完全忽視更為殘酷。如果我們進到屋子裡，沒有人轉頭看我們，我們說話，沒有人回應，無論我們做什麼，都沒有人在意，甚至我們遇到的每個人都「假裝不認識我們」，彷彿我們根本不存在，我們很自然會產生一股怒氣，感到無力而絕望，這時最殘酷的拷打反而能讓我們從這種處境中解脫；儘管拷打會讓我們的肉體痛苦不堪，但至少我們不會掉進如此的深淵，遭世人不屑一顧。[17]

生活在一個個人存在（個人的存有與非存有）完全與他人無關的世界裡，是令人無法忍受的。杜斯妥也夫斯基（Fyodor Dostoevsky）的「地下室人」寫道：「當時我才二十四歲。我的人生在當時就已經陷入陰鬱與混亂，就像野蠻人一樣離群索居。我沒有結交任何朋友，只是不顧一切地愈來愈將自己深埋在自己的洞穴裡。」[18]他覺得他的同事用嫌惡的眼神看他，而他對自己的同事則是既恐懼又輕蔑。然而，即使他刻意與人保持距離，他還是極力想引起注意，而他試圖找人打架也只是為了讓某人注意到他。

齊克果（Søren Kierkegaard）曾說，自我是一種與自我本身連繫的關係，[19]但自我也與其他人的自我連繫，而其他人的自我又與他們自身的自我連繫。我們有能力思索別人對我們的想法與感受，我們認爲其他人對我們的評價是有意義的。因此，無法得到他人的注意，將對我們的自我關係產生毀滅性的影響。人本質上是社會的動物，這個事實無庸置疑。在主觀福祉的研究中，生活伴侶與朋友遠比財富或名聲更具影響力。我們因此了解社會孤立對於身心健康有著極爲負面的影響。

很長一段時間裡，被逐出社會一直是針對個人的最嚴酷懲罰，而在古代，這種懲罰被認爲幾乎和死刑一樣嚴重。在今日的監獄裡，隔離也被許多人認爲是可怕的懲罰方式。

亞當・史密斯（Adam Smith）提到，即使我們感到羞愧，想逃離他人指指點點的目光，但「獨處的恐怖」仍迫使我們尋求他人的陪伴。[20]史密斯強調，獨自長大的人，永遠無法學會了解自己。[21]而獨自生活的人會誤判自己，不僅會過度放大自己做的好事，也會過度強調自己受的傷害。[22]我們需要他人的目光注視我們。英國啟蒙運動哲學一貫強調孤獨的黑暗面與具摧毀性的一面。第三代沙夫茨伯里伯爵（Earl Shaftesbury）安東尼・阿什利・庫柏（Anthony Ashley Cooper）認爲，人類比其他生物更無法忍受孤獨。[23]埃德蒙・伯克（Edmund Burke）把完全的獨處形容成人所能想像的痛苦之最大值，因爲人生完全處於這種狀態，有違生命的本源。[25]約翰・洛克（John Locke）明確表示孤獨是不自然的人類狀態。上帝如此創造人類，使人類不得不與自己的同類爲伍。另一方面，孤獨則被形容爲危險狀態，一個人在孤獨時，心靈很容易被情感控制。[26]大衛・休謨（David Hume）也同樣寫道：

完全的獨處或許是我們所能承受的最大懲罰。獨自一人享受愉悅，所有的樂趣都將變得索然無味，而所有的痛苦也將變得更加殘酷且難以忍受。驕傲、野心、貪婪、好奇、復仇或欲望，無論哪一種熱情激勵著我們，這些熱情的靈魂或賴以驅動的原理都是同情；一旦我們完全抽離了他人的思想與情感，這些熱情也就完全失去了力量。即使自然的一切力量與元素都是為了服務與服從一個人而存在，即使太陽完全聽從他的命令而升起降落，即使大地自發地孕育一切對他有用或令他愉快的事物，他都將感到悲傷，除非你至少給予他一個同伴，讓他能分享他的快樂，讓他能得到對方的尊重與友誼。[27]

因此，對於宗教思想家讚揚的獨處，休謨認爲這種行爲就像獨身、齋戒等諸如此類的事物一樣，都是完全不自然的。[28]

演化觀點在解釋孤獨時，往往強調人類朝群體發展，人類傾向與他人共同生活。[29]群體生活顯然具有充分的演化理由，例如人類在群體中可以免於遭受掠食者的威脅，而且可以共享資源。然而，同樣具說服力的演化因素也能用來支持不過群體生活的生物，例如單獨者更容易藏匿起來不被掠食者發現、不需要分享資源、不需要在群體中爭奪地位。[30]我們也發現，有些物種比其他物種更傾向過群體生活。例如，我們觀察到黑猩猩的群體性比紅毛猩猩更高。從生物學的角度來看，我們可以說人類尋求社會群體是「自然的」，但這不表示想要獨處是「不自然的」，也不表示花很多時間獨處對一個人來說必然是負面的。這要取決於個人與獨處的關係。

對絕大多數人來說，生命意義的核心其實是由少數人的連結構成的。事實上，當我們失去最親近與最親愛的人時，我們的存在意義也消逝大半。遺憾的是，我們與他人的關係對我們的生命意義影響有多深，往往只有在我們失去他們時才能清楚發現。如約翰・鮑比（John Bowlby）所言：

> 與他人的親密依附關係是一個人生命的核心，不只當他還是個嬰兒或者是個學步的孩子或者是個小學生時是如此，即使他經過了青春期長大成人，甚至到了

老年，也依然是如此。從這些親密依附關係中，人得以獲得力量並從中感受生命的快樂……[31]

鮑比的說法也許有些過於篤定，因爲有些人的生命核心並非依附於他人，例如研究者把絕大多數時間與精力都投入在研究主題上，或音樂家與樂器的連結要比與他人的連結來得緊密，但對絕大多數人來說，鮑比的描述確實相當精確。這也是爲什麼當我們無法建立與維持依附關係時，我們會感到如此痛苦。

孤獨的形式

我們可以把孤獨區分成「長期孤獨」、「處境孤獨」與「短暫孤獨」。[32]從名稱就可以看出，長期孤獨指人因爲缺乏與他人的親密關係而持續感到痛苦。處境孤獨是生命出現劇變導致的，例如好友或家人死亡、結束一段戀情、孩子成長離家等等。

關於處境孤獨，我們可以從羅蘭・巴特（Roland Barthes）的《哀悼日記》（*Mourning Diary*）窺見一斑。巴特一直與母親同住，他在母親死後寫下《哀悼日記》，他坦承：

> 一個寒冷的冬夜。我感到暖和，但我獨自一人。我了解我必須習慣這種理所當然的獨處狀態，我必須「在母親已經不在的狀況下」習慣一個人做事、工作，永遠如此。[33]

短暫孤獨可能在任何時刻侵襲我們，也許我們正參加一個熱鬧的派對，也許我們正獨自一人在家。處境孤獨本身可能比長期孤獨來得強烈，因爲處境孤獨經常起源於生活出現劇變，導致強烈的失落感。然而，由於處境孤獨是因爲特定事件而引發，例如離婚或死亡，因此不難想像相對於長期孤獨，處境孤獨往往可以透過建立新的依附關係來加以化解。然而，失落的經驗有時非常強烈，有可能導致一個人再也無法建立新的親密關係。以文學作品爲例，村上春樹筆下的主人翁多崎作，他的四個最好的朋友（他只有這四個朋友）有一天突然通知他，他們不想再見到他，也不想再跟他說話。[34]這個經驗不僅形塑了多崎作的人生，也影響了他與所有人的關係——包括他與自己還有他與他人的關係——他因此再也無法建立新的依附關係。

我們發現，處境孤獨與外在因素有關。相較之下，長期孤獨則似乎植根於自我，因爲外在環境的變化對長期孤獨少有影響。因此，我們或許可以根據孤獨的情感主要源自於主體還是主體的周遭環境，來區別出「內因孤獨」與「外因孤獨」。當然，要判斷孤獨的情感在什麼程度下屬於內因或外因是非常困難的，因爲孤獨是一種主體依附關係的需求無法被滿足所產生的關係現象。儘管如此，內因與外因的區分仍有一定的合理性。如果有人一輩子周遭有甜蜜的家人陪伴，也有穩定的社會網路，但仍感到孤獨，那麼這個人的孤獨感很有可能是內因的。另一方面，如果有人原本沒有孤獨的問題，但在遭受到社會排斥、也許是遭到霸凌之後，便開始感到孤獨，那麼這個人的孤獨感就有可能是外因的。然而，絕大多數的例子通常都要同時考慮內在與外在因素。事實上，要在內在與外在因素、性格與處境變數之間判斷哪一方才具有最強的決定力量是非常困難的，要解釋孤獨，兩方面的影響皆需加以考量。[35]

社會學家羅伯特・魏斯（Robert S. Weiss）區別了「社會孤獨」與「情感孤獨」。[36]社會孤獨指未能融入社會，社會孤獨的人渴望成爲社群的一分子，但這個需求未能得到滿足。相較之下，情感孤獨指的是與特定的對象缺乏親密關係。根據魏斯的說法，這兩種形式是有區別的，兩者在內容上有所不同。感受到其中一種形式的孤獨的人，不一定同時感受到另一種形式，同理，從其中一種形式的孤獨解脫的人，不一定能從另一種形式解脫。一個人可以在社群裡找到位置，但依然感到情感孤獨。[37]另一方面，一個人可以跟某人發展出親密的依附關係，但依然感到社會孤獨。如果一個人的伴侶或配偶離家一段時間，這個人可能會感到情感孤獨，他會想念與另一半的親密關係，此時就算透過電話或電子郵件也無法適當地化解這種孤獨。此外，與朋友一起看電影或聽音樂會可以滿足一個人的社交需求，也能暫時讓人忘卻另一半不在身邊的失落，但朋友畢竟無法取代伴侶或配偶。俗話說：「小別勝新婚。」分離可以讓我們更珍惜與另一半在一起的時光。不過查理・布朗（Charlie Brown）也說：「小別勝新婚，但小別確實讓人覺得孤獨。」

我們可以讓另一半進入到我們的孤獨之中，並在心靈層面建立起一種即使就在我們身邊時也無法建立的關係。孤獨創造出一塊空間，讓我們從中思考我們與另一半的關係，與我們實際上有多需要他們。我們從現代的婚姻與同居生活可以發現，與伴侶的關係已經取代了其他社會關係，以至於即使情感親密的需求已經獲得滿足，社會孤獨的現象仍持續發生。同樣地，孩子不僅需要關愛他們的父母，也需要同年齡的朋友。如果缺乏其中一種，孩子就會產生強烈的被剝奪感。如果孩子在學校遭到孤立，擁有關愛他的父母或許可以改善整體處境，但無法適當地取代同年齡的朋友。反過來說，在學校交到要好的朋友，也無法取代家中有個能關愛他的父母。[38]此外，社會孤獨與情感孤獨也有年齡分布的差異。一般而言，年輕族群產生的主要是社會孤獨；而年長族群主要是情感孤獨。[39]儘管如此，我們還是要強調，情感孤獨與社會孤獨通常會連袂發生。

孤獨與健康

在大眾媒體上，孤獨通常被描述成公共疾病或公共衛生問題。然而，孤獨不是一種疾病，而是一般的人類現象。孤獨是一種社交飢餓，這種飢餓就像你的身體沒有吃飯於是感到飢餓一樣，它不是一種疾病。然而，如果任由孤獨持續發展，會有大幅增加心理與身體疾患的風險。孤獨的個人在醫療服務上的花費高於不孤獨的個人。[40]有一百四十八份檢視孤獨與健康的關係的研究，在針對這些研究進行統合分析後發現，就算基於方法論的理由未將與自殺相關的死亡列入考慮，孤獨依然是可用以預測死亡率的顯著因子。[41]孤獨造成的死亡風險相當於一天抽十到十五根菸，而且比肥胖或身體活動不足更危險。孤獨影響血壓與免疫系統，導致身體的壓力荷爾蒙增加。[42]孤獨也會增加失智的風險，長期下來會降低一個人的認知能力。孤獨似乎也會加速老化。[43]孤獨的人的睡眠時間與不孤獨的人一樣長，但他們的睡眠品質較低且比較容易醒來。[44]如前所述，與身心健康產生連動的是孤獨的主觀情感，而非實際上獲得多少社會支持。[45]因此，主觀的社會孤立——也就是個人的孤獨感，要比客觀的社會孤立——也就是一個人獨自生活，更有可能對健康造成負面影響。

孤獨不是精神病，也不應該被當成精神病。孤獨有可能產生病態，當人一直無法與他人建立親密關係，並陷入長期的痛苦時，這種經驗有可能影響這個人在各方面的關係。孤獨的人會認定，人與人之間原本就不存在親密關係。儘管如此，正如羞怯不應該被當成社交焦慮，孤獨本身並非病態。我不會從診斷精神病的角度來探討孤獨，我不認爲孤獨是社交焦慮，也不打算採取榮格（C. G. Jung）內向與外向人格的區分方式。不過，我還是會簡短說明嚴重的孤獨在各方面都符合憂鬱症的標準，且兩者之間存在高度的相關性。但即便如此，我們仍無法確定何者是因、何者是果，或甚至兩者之間是否眞的存在因果關係。目前已經證明孤獨是產生憂鬱症狀（depressive symptoms）的一種因子，但相反地，憂鬱症狀卻不見得會造成孤獨。[47] 說到底，孤獨與憂鬱是兩個彼此特定的狀況，一個人可能感到孤獨但卻不感到憂鬱；或者是感到憂鬱卻不感到孤獨。此外，孤獨也與自殺的念頭與行爲高度相關。[48]

孤獨似乎會影響我們的日常生活能力。心理學家羅伊・鮑邁斯特（Roy Baumeister）與珍・圖溫吉（Jean Twenge）進行了多次實驗，探討社會排斥的經驗造成的影響。[49]在某次實驗中，學生被分成幾個小組，他們有十五分鐘的時間認識彼此。之後，他們把學生各自帶開，要求每個學生寫下兩名他們希望同組的小組成員名字。最後，他們又隨機地將學生分成兩組，並且告訴其中一組成員，每個人都想跟他們同組，再告訴另外一組成員，每個人都不想跟他們同組。在另一次實驗中，他們讓學生接受人格測試，之後，他們對其中一組成員說，他們這輩子都會與朋友及家人有著良好關係，又對另一組成員說，他們這輩子注定孤獨。第三組是控制組，他們對這一組的成員說，他們的人生將充滿混亂。鮑邁斯特與圖溫吉還進行了其他類似實驗。核心問題是，當這些學生得知自己遭到社會排斥或未來將遭到社會排斥時，這對他們會產生什麼影響。結果是：首先，他們會變得較具威脅性，不只針對傷害他們的人，也針對其他人；其次，他們會做出自我毀滅的決定；第三，他們在理性能力測試上的表現不佳；第四，他們會更容易放棄交代的任務。鮑邁斯特與圖溫吉在結論中表示，社會排斥會破壞我們的自我調節能力。顯然，自我調節是我們得以與他人維持關係的核心要素，而我們與他人的關係一旦受到破壞，或甚至只是感覺到我們與他人的關係受到破壞，似乎就足已削弱我們的自我調節能力或意志。此外有證據顯示，在工作上感到孤獨的人，工作績效比在工作上不感到孤獨的人更差。[50]

孤獨本身不應該被視爲一種疾病。畢竟，每個人偶爾都會感到孤獨，孤獨因此是我們情感防衛機制自然的一環。正如恐懼不是疾病，孤獨本身也不是一種病態。不過，恐懼的情感有可能朝著病態的方向發展，一旦變得太強烈與過度，就會嚴重影響一個人的日常生活。孤獨也是如此。從這點來看，孤獨對於個人的身心健康確實能產生重大影響。

2 孤獨是一種情感

誰知道孤獨的真面目呢？它不是一般的詞彙，而是赤裸裸的恐怖。孤獨總是戴著面具。這個人人避之惟恐不及的可悲之物懷抱著某種記憶或幻覺。有時候，一個要命的因緣巧合，會在一瞬間掀起孤獨的面紗。僅僅只是一瞬間。因為沒有人能持續注視道德上的獨處而不陷入瘋狂。

——約瑟夫・康拉德（Joseph Conrad），《在西方的目光下》（*Under Western Eyes*）

孤獨有情感的一面，也有認知的一面，但這兩個面向並非截然二分，因爲情感的現象也帶有認知的層面，反之亦然。你對孤獨的感受取決於你如何處理你的孤獨經驗，而你如何處理你的孤獨經驗也取決於你對孤獨的感受。在孤獨的研究領域，各種研究取向主要根據對情感面或認知面的重視程度來做區分。強調情感面的研究較重視人對於自己缺乏與他人適當連結的感受；強調認知面的研究則主要探討渴望的連結與實際的連結之間是否存在明顯落差。儘管如此，想適當了解孤獨仍需同時結合兩種面向。不過，如果談到身心疾患的問題，那麼眞正牽涉到的恐怕只有孤獨的情感層面——也就是內心實際感受到的孤獨情感。而且只有這個層面才涉及孤獨的本質問題——正是這種特質使孤獨不同於單獨。

什麼是情感？

絕大多數情感哲學或情感心理學作品都未設置專章來探討孤獨問題。而且多數時候，孤獨這個主題要不是被完全排除，就是草草帶過。在這類作品中，恐懼總是居於顯著地位，憤怒與愛也是討論的焦點，但孤獨則是例外。爲什麼會如此？畢竟孤獨並不是什麼邊緣現象。會不會是因爲孤獨本質上並未被當成一種情感，而比較被視爲一種社會問題？對我而言，我認爲孤獨是個人與他人連結的渴望未能得到滿足而產生的情感回應。孤獨之所以是孤獨——與單獨不同，也與缺乏社會支持無關——就在於孤獨本身帶有的情感向度。

亞倫・本-澤耶夫（Aaron Ben-Ze'ev）在他的傑出作品《情感的微妙》（*The Subtlety of Emotions*）中指出，日常語言無法清楚區別什麼算是情感而什麼不是。舉例來說，一般認爲恐懼、憤怒與嫉妒算是情感，但驚訝、孤獨與審美經驗要到什麼程度才算是情感，則沒有明確標準。[1]本-澤耶夫認爲孤獨是一種情感，或更確切地說，孤獨是某種悲傷的形式，「它發源於無法得到渴望的社會關係」。[2]然而我們也必須坦承，本-澤耶夫雖然認爲孤獨是一種情感，但他的作品並未對孤獨做出特別廣泛或詳細的討論。

「感受」（feeling）與「情感」（emotion）涵蓋了極爲多樣的現象，從疼痛、飢餓與口渴，到嫉妒、羨慕與愛；從幾乎完全屬於生理的領域，到幾乎完全屬於認知的領域。我們傾向於認爲「感受」在性質上比較接近「身體」；而「情感」比較接近「認知」。英文對「感受」與「情感」的區分也是一樣，「感受」與身體感官的關係比較密切，而「情感」則與心靈息息相關。儘管如此，我們至今還是無法在感受與情感之間劃出清楚的分界。對此人們心中仍存在許多爭議，而對於某種狀態應該屬於感受還是情感依然莫衷一是。我決定不做這種區分，在描述時還是以「情感」一詞爲主。如果情感是從身體延續到認知的連續體，那麼孤獨基本上比較接近認知的一端。但我們也發現，孤獨爲個人帶來的社會痛苦似乎也跟身體的疼痛一樣，依循著相同的神經傳導路徑。[3]事實上，在社會痛苦與身體疼痛之間確實存在著令人吃驚的連結。[4]有人研究可以用來舒緩身體疼痛的藥物是否也能用來降低社會痛苦，結果答案是肯定的。[5]（當然這不表示一天一顆阿斯匹靈就可以治療孤獨問題。）

情感的內容當然不是同質的，它涵蓋了各式各樣的現象。我也懷疑是否能找到運作良好的情感定義，可以提供必要且適當的條件來判斷何者屬於情感，但學界始終不乏這類嘗試，因此經常可以看見有趣的理論出現。[6]在情感理論中，一般都會強調以下特徵：情感是主觀現象。情感通常都帶有某種價值，不是正面就是負面，情感不是中立的。情感帶有意圖與目的，也就是說，情感往往針對某個事物或某個人。情感通常只持續很短的時間，而就在這短暫的時間裡，價值出現了變化。孤獨具備了所有的情感特徵，唯一的差異是：孤獨有時會持續很長一段時間，而且會以長期的形式出現。反過來說，痛苦也可能是長期的：人可能長期挨餓受凍，人也可能長年感到嫉妒、羨慕與愛。因此，我們懷疑短暫是否能作爲情感的核心定義——有些情感或許是短暫的，但有些情感不是。

人們對於是否存在一套基本情感也有爭論。有些人認爲情感不是後天學習得來，而是先天固有，人儘管受到不同文化薰陶，卻仍擁有一套共同的情感表現方式。[7]這想法本身不見得不合理，但人們對於基本情感的數量與基本情感的確切內容卻意見分歧。憤怒、恐懼、快樂、厭惡與驚訝是典型的基本情感，但值得注意的是，人們對於哪些情感可以列在基本情感清單上，想法卻南轅北轍。舉例來說，我們在調查了十四份「基本情感」清單後發現，居然找不到任何一種情感同時出現在這十四份清單上。[8]此外，我們很難適當地區別情感的生物、心理與社會面向。每一種情感無疑都具有生物基礎，但情感也受到個人經驗與社會規範的形塑。每一種情感都有各自的發展歷程，此歷程即社會與個人的歷史。若要了解情感，我們必須同時考慮三種面向。對我們來說，情感是「自然的」與自發的，但情感也是由個人與社會建構的。[9]

有些情感是與生俱來，有些情感則是在成長過程中逐漸發展而來。因此，我們無法輕易判斷人是在哪個確切的時間點開始有能力感受孤獨。學齡前的孩子有能力藉由語言表達孤獨，但年齡更小、尚未具備必要語言技能的孩子呢？他們能感受到孤獨嗎？要回答這個問題並不容易。我們相信我們能從孩子的臉部表情辨識出複雜的情感，例如羞愧與羨慕，但孤獨卻找不到對應的臉部表情。當年紀很小的孩子被單獨留下並開始啼哭時，他表達的是什麼情感？我們當然可以想像這個孩子感到孤獨，但他也可能是感到恐懼。儘管如此，我們還是能確定孤獨情感在童年早期就已出現。[10]此後，孤獨情感將或多或少陪伴人度過一生。

情感詮釋

查爾斯・泰勒（Charles Taylor）強調，詮釋是情感的基本成分。[11]世上並不存在所謂的「原始」情感。我們也不一定能看出一個人眞實的情感狀態。兩個人可能看似經歷了相同的情感，卻用了不同的詞彙來描述情感。一個人可能感到悲傷，而這個悲傷或許源自於缺乏與他人的連結，或與他人的連結變得薄弱，但過程中這個人不一定會把這個情感描述成「孤獨」。一個人可能想結交朋友、擁有愛侶或加入更大的社會群體，他或許會把這種情感描述成渴望而非孤獨。如果一個人的親人去世，即使那已經是很久之前的事、即使現在他的狀況完全符合孤獨的標準，他在描述自己的情感時，依然只會說自己感到悲傷，而不說是孤獨。各種情感狀態的區別也可能極爲模糊。我們當然希望情感的區別能更清楚一點，這樣或許就能讓我們爲情感做出定義，並給予必要而充分的條件，例如：「當且僅當……，則x是孤獨的。」然而現實中，不是所有的情感現象都能做出如此清楚的定義，當我們討論一般情感或集中討論孤獨時，我們必須容許討論的主題存在著一些模糊地帶。如亞里斯多德（Aristotle）所言：「一個有教養的人在探討各個領域時，只會追求主題的性質所容許的精確度。」[12]

事實上，我們連自己的情感狀態都無法完全掌握。有些情感被認爲與羞愧有關，而我們不太願意向別人坦承自己感到羞愧。普遍狀況下，我們甚至不願面對自己的羞愧情感。一般認爲孤獨是一種羞愧情感，關於這點，我們將在第八章詳細說明。孤獨的情感透露出我們對自己的社會生活感到不滿，而這種不滿一旦被其他人知道，只會增添我們的痛苦。孤獨是我們想隱藏的事物，我們甚至對自己隱瞞孤獨的存在。

另一個類似的例子是羨慕，羨慕他人的人往往會受到鄙視。弗蘭索瓦·德·拉羅什福柯（François de La Rochefoucauld）指出：「我們常常對於自己的熱情感到驕傲，即使是最罪惡的熱情也會讓我們感到自豪；但羨慕卻是一種膽怯、羞愧的熱情，沒有人敢承認自己羨慕別人。」[13] 羨慕這種情感有損我們的自我形象，因此人們往往換個方式來詮釋羨慕，例如認爲羨慕的對象值得我們憎恨。事實上，人非常善於自欺，一個人對於自身情感狀態的認知往往存在著偏差。

此外，我們也會回溯並重新詮釋之前的情感狀態。當人們離開派對返家，儘管在派對上他們感到一切都很棒，但到家之後他們才發覺自己其實一整晚都無聊到想哭。有時人們回顧自己過去的某段時光，突然領悟到：「當時我以爲自己很快樂，但其實我非常不快樂。」同樣地，人們可能回想過去的某個時期，然後覺得：「我當時其實相當孤獨，即使我當時並未察覺到自己很孤獨。」這種想法與把孤獨視爲情感現象的研究取徑產生牴觸，因爲根據後者的看法，一個人如果沒有感受到某種情感，就不能說產生了某種情感：沒有感受到的情感，表示這個情感並不存在。這種說法就某種程度來說是正確的。然而，人也有可能在某個時刻忽略了自己的感受，導致未能察覺到自己曾經產生某種感受。或者，人也可能把自己的感受詮釋成、概念化成其他事物。我們無法確定一個人在產生某種情感的當下，是否就能正確察覺到自己產生某種情感，但一個人若要主張自己曾在某個時點產生某種情感，那麼這個人必須要察覺到——就算當下沒察覺到，至少事後回想時也要能察覺到——自己曾在某個時點產生了某種情感。

想要孤獨，那麼你必須感受到孤獨。感到孤獨，意謂著你感受到一個明確的情感。這種情感是悲傷的一種。我可以「思索」孤獨的感受而毋須實際陷入孤獨的狀態，然而，如果我並未處於眞正的孤獨狀態，我就不可能感受到孤獨。一個人孤獨的程度完全取決於這個人的情感狀態，而一個人的情感狀態完全獨立於所有客觀決定要素之外，例如這個人是否遭到社會孤立，這個人是否擁有至交、朋友、家人等等。

情感的功能

現在，讓我們試著更仔細地探討孤獨這種情感的功能。要探討孤獨，「心情」（mood）會是個有用的詞彙。要區別情感與心情並不容易，因爲兩者都是情感現象，且息息相關。心情較爲一般，它涉及的是整體的世界。對比之下，情感通常具有一個或多個特定的意圖與目的。一般來說，心情持續的時間也比情感長。孤獨可以分成特定的孤獨與模糊的孤獨，當你失去某個要好的朋友，你會感到特定的孤獨；當你只是感到失落，但不確定自己失去了什麼，此時你會感到模糊的孤獨。然而，情感與心情的區分對於我們接下來對孤獨這種情感現象的討論不會產生特別重要的影響，因此我在討論時，會交替地使用情感與心情這兩個詞彙，但意義上不會有任何分別。

我們可以從自己的心情知道，我們過得「如何」。不管怎麼樣，我們總是「處於」某種心情之中。如果有人問你最近過得如何，無論你願不願意老實回答，你的心裡終究有一個答案。你可能會千篇一律地回道：「我過得很好。」「很好」是一種情感狀態，只不過這個回應並不是想像中最有趣的答案。海德格（Martin Heidegger）認爲，情感與心情並非純粹主觀；「精確來說，心情是我們外在於自己的基本方式」。[14]心情使我們外在於自己的同時，又使我們接觸自己。情感使你同時連繫自己與外在世界，然而正因爲情感具有開放的可能性，所以情感不可避免帶有曖昧不明的性質，在情感影響下，人容易對自己與世界產生不適當的理解。[15]如果沒有心情，你會喪失與外在世界連繫的理由，因爲一旦缺少心情，人就找不到意義。沒有心情，人就不可能產生任何經驗，如果有人試圖想像在缺少心情之下產生的經驗，這樣的經驗肯定讓人無法理解，因爲這樣的經驗缺乏意義。

心情揭露了我們與世界、與他人還有與自己的關係，不同的心情揭露出不同的世界與不同的自我。有些心情，例如恐懼或厭煩，揭露的是一個遙不可及的世界；

有些心情，例如快樂，揭露的卻是一個與人關係緊密的世界。此外，反映人與世界有著緊密關係的心情往往受到忽略。人感到快樂時，所有的注意力都聚焦在令你感到開心的事物上；但人感到厭煩時，反映的卻是一個與人關係疏遠的世界。此時人的注意力反而聚焦在厭煩的心情本身。人感到孤獨時，所有的注意力都聚焦在內心感受到的失落上。有些心情使人熱愛社交；有些心情使人產生社會退縮（social withdrawal）。孤獨意謂著渴望社交生活，但實際上卻往往導致社會退縮。

孤獨作為一種世界觀

心情開啟了經驗空間。[16]海德格最關注的是「陰鬱的」（dark）心情，但他也討論了其他心情，例如我們所愛的人帶來的歡欣喜悅。[17]愛的心情爲我們開啟了一個洋溢著愛的世界。愛的喜悅所顯露的事物不僅與我們心愛的人有關，它也與整個世界密切連繫，因爲我們內心的喜悅會影響我們對其他事物的體驗。當我們首次墜入愛河，或者當我們失戀時，我們對於整個世界的感受有如天壤之別。海德格反對愛情使我們盲目這句話，相反地，海德格強調，愛情可以讓我們看到我們在墜入愛河之前無法看到的事。[18]當你心情不好的時候，這個世界會有一部分對你封閉，舉例來說，你無法因爲他人的喜悅而感到快樂。因此，我們可以恰如其分地形容薩繆爾・貝克特（Samuel Beckett）《夢中佳人至庸女》（*Dream of Fair to Middling Women*）的主角蒙受了「超越的陰鬱」（transcendental gloom），這種陰鬱限制了主角體驗世界的可能。[19]然而，在許多哲學作品中，獨處依然占據了顯著的思考空間。海德格的作品尤其彰顯了這種立場，他曾表達獨處是通往自我知識的路徑。[20]獨處眞的比其他方式更能讓我們接近眞理嗎？我不這麼認爲。獨處或許可以給予你其他方式無法給予的洞察，但獨處同時也蒙蔽了其他方式所能提供的洞察。獨處可以給予你「另一個」存在視角——但不表示這個視角比其他視角更眞實。

心情不只伴隨著我們與他人，心情也進一步決定我們與他人的「關係」。[21]而這似乎成了孤獨現象學的關鍵要素。孤獨的人與他人的關係，不同於不孤獨的人與他人的關係。我們可以說，孤獨的人與不孤獨的人各自擁有不同的世界，因爲心情的差異使人對世界、對彼此、對自己的處境產生不同的體驗。在《邏輯哲學論》（*Tractatus logico-philosophicus*, 1921）中，路德維希・維根斯坦（Ludwig Wittgenstein）寫道：「快樂的人的世界，與不快樂的人的世界大不相同。」[22]孤獨的人的世界也是如此。孤獨只讓你看見現實孤獨的一面。孤獨只讓你看到孤獨的世界。然而，世界還存在其他面貌，如果你願意的話，你可以看到其他的世界。

因此，情感不僅可以視爲是純粹的主觀現象，情感也可以作爲認知工具，亦即，我們可以透過情感了解現實。就像其他用來觀察現實的工具一樣，情感提供的觀點有可能對也有可能錯。我們在某個處境中的感受，取決於我們如何詮釋這個處境。我們將在第三章看到，孤獨的人與不孤獨的人在詮釋社會處境時的差異。舉例來說，缺乏信任與孤獨有著顯著的相關性。孤獨的人比不孤獨的人更傾向於將自己身處的社會環境詮釋成具有威脅性。[23]孤獨的人也比不孤獨的人更容易相信社會處境充滿風險，這導致孤獨的人選擇以不同的方式進入社會處境之中，而這又反形成障礙，使他們更難建立所渴望的依附關係。恐懼使孤獨的人無法採取驅除孤獨的行動：與人接觸。也就是說，社交恐懼使我們無法與他人建立直接關係，以致使我們無法建立社會關係。當孤獨的人心懷恐懼進入某個社會處境時，這種恐懼使得他預期某個特定的未來處境會爲他帶來痛苦或傷害。如亞里斯多德所言：「恐懼也許可以定義為心中預期未來將出現某種毀滅性的或令人痛苦的邪惡，而感到痛苦或不安。」[24]顯然，當一個人帶著恐懼的心情進入某個社會處境時，總會比毫無恐懼的人更有所保留，這便限制了他能形成的依附關係類型。這種現象也許可以從「精神等同」（psychic equivalence）的角度來加以思考。在精神等同的狀況下，一個人沒有能力分辨內在情感或認知狀態與客觀現實的差異。也就是說，無論一個人對於外在事物有何感受，在他的認知裡，他感受到的情感就是現實。舉例來說，一個人可以從自身的不安全感推論出其他人對他懷有敵意，即使事實並非如此。

我們可以主張孤獨的人比較容易對社會處境做出不適當與感情用事的結論。然而，孤獨的人會駁斥這樣的說法，他們認爲自己並非與外在處境脫離連繫，因爲他們每次與他人接觸時，都確實有可能遭遇令人痛苦的拒絕。然而，從這種回應可以看出，正是這種對拒絕的恐懼，增加了孤獨之人被拒絕的可能。如亞里斯多德所言：「錯誤的恐懼有很多種，一種是恐懼的事物有錯，一種是恐懼的方式有錯，一種是恐懼的時機有錯等等。」[25]從這點來看，人可能對帶有一定風險的事物產生過度的恐懼，因此形成恐懼與風險不成比例的狀況。

我之前曾經指出，孤獨可以描述成社會退縮，這種不適或痛苦的感受使我們了解到自己與他人建立依附關係的需要並未得到滿足。在這種狀況下，孤獨的人會在人際關係上出現障礙。孤獨的人即使明顯維持著與他人的依附關係，參與社會群體成爲其中的一分子，或者擁有親近的朋友，但孤獨的情感依然揮之不去。逐漸地，孤獨的人對依附關係的需求變得愈來愈強烈，最終嚴重到無論怎麼做都無法滿足。事實上，有研究顯示，長期孤獨的人對人際關係的期望遠高於不孤獨的人。[26]長期孤獨的人是社交完美主義者，他們在社會互動上，不管對自己還是對他人，都抱持著較高的要求。[27]關於這點將在第三章做更詳盡的討論。然而，對許多長期孤獨的人來說，眞正的問題在於：無論他們身處於什麼社會環境中，無論他們身旁是否圍繞著關心與體貼他們的朋友與家人，他們依然感到孤獨。他們對於依附關係的期望太高，導致這樣的期望根本不可能實現。無論他們身處的社會環境隨後做出何種改變，都無法解決他們的孤獨問題。孤獨的人只有設法解決自己內心的問題才能擺脫這個困境。

情感生活的塑造

當你處於某種心情時，整個世界就會產生一套相應的可能性。[28]不同的心情會產生不同的與整個世界、與事物和與他人的關係。然而，心情無法隨心所欲地轉換。如海德格所言，你無法像穿脫手套一樣輕易換上不同的心情。[29]此外，海德格也表示，我們必須試著控制自己的心情，但他沒有說明如何做到這點。[30]由於我們在與心情的關係上完全處於被動，因此我們實在無從得知要如何控制心情，但海德格似乎認為我們可以透過某種方式進入與心情相反（counter-mood）的狀態。[31]在這種狀況下，問題因此變成了：什麼是與孤獨的心情相反的狀態？是歸屬感嗎？歸屬感正是孤獨的人渴望但卻無法得到的東西。我們因此必須以較為間接的方式著手。舉例來說，我們必須學習依靠他人。我們將會發現，對他人的全然不信任是孤獨最重要的一項指標。如果你學著信任他人，避免將他們的話語、表情與動作詮釋成具有威脅性，那麼你就能拉近與他人的關係，從而改善建立依附關係所需的條件。

孤獨的人形塑出來的自我，一方面恐懼他人，另一方面又渴望依附他人。與此同時，孤獨的人也可能形成另一個自我，並以另一種方式連繫周遭的社會環境。然而，我們也必須指出，沒有人有能力選擇情感。孤獨的人無法選擇不恐懼，在缺乏依附關係之下也無法選擇不痛苦。但另一方面，我們卻可以用比較間接的方式來影響自己的情感。你可以想像自己身處於某個處境之中，你在這個處境中產生了某種情感，也許就像你平日感受到的恐懼一樣，你恐懼遭到拒絕，並因此產生了孤獨感。在這個假想的處境中，你可以設法讓自己不要產生這樣的情感，或者是已經產生了這樣的情感，那麼就想辦法去因應這樣的情感。在假想的處境中，你仍擁有有限但卻眞實的能力，你可以大膽地產生孤獨的感受；你也可以嘗試克服孤獨的感受。我們必須面對我們的情感生活，我們也必須塑造我們的情感傾向。因此可以說，我們對自身的情感負有責任。我們所有人都負有責任，而在這個責任關係裡，主體與客體完全同一：我要對自己負責。我不僅要對自己的行爲負責，在某種意義上，我也要對自己的感受與信念負責，無論我對事物的感受與信念是否適當，我都有能力做出調整。人對於情感的生成並非完全無能爲力，而是可以透過努力在心裡做出因應。

我們可以根據一般的基準來評估情感反應，我們會發現在特定處境下，有些人會反應過度，而有些人則反應冷淡。我們可以認爲有些人在遭遇悲劇之後並未表現出足夠的悲傷；有些人只是受到一丁點的「侮辱」就暴跳如雷。或有些人的男女朋友從各方面來看都毫無問題，而他們卻時常嫉妒猜疑。在喜劇影集《大英國小人物》（*Little Britain*）中，有一名尊貴的老婦人，她是個極端種族主義者，舉例來說，她只要吃到有色人種碰過的蛋糕，就會感到噁心，然後立刻把蛋糕吐出來。對於這種行爲，即使這個老婦人完全是自發性的情感反應，我們仍必須予以譴責，因爲她「不應該」有這種感受。我們可以因爲她不試圖改變自己對有色人種的想法與感受而指責她。同理，如果有人明明已經擁有合理的社會支持，卻還是抱怨自己因爲沒能得到適當的社會支持而感到孤獨，那麼我們就可以認定這樣的說法完全站不住腳。

我們可以培養感受與養成情感習慣。我們可以透過改變對事物的評價，來改變自己的情感。我們也可以藉由改變自己的做法與習慣，來改變自己的情感。我們所有的情感都可以持續加以調整。在當下，我們幾乎無法決定自己的感受，因爲我們的感受是由我們的性格——既有先天的因素，也有後天的影響——與過去無數次選擇造成的結果。我們無法決定自己的孤獨傾向，但我們可以採取各種方式來克服這個傾向。因此就某種程度來說，我們要爲自己的孤獨負責。關於這個主題，我們將在第八章進一步討論。

3 誰是孤獨的人？

孤獨的人傾向於孤獨，因為他們無法承受他人在旁邊陪伴的心理負擔。孤獨的人對人敏感。對於孤獨的人來說，人的影響太強烈了。

——大衛・福斯特・華萊士（David Foster Wallace），〈從單一到多數：電視與美國小說〉（*E Unibus Pluram: Television and U.S. Fiction*）

誰是孤獨的人，而孤獨的人又有多少？關於這個問題，我們沒有直接的答案。因爲相較於單獨，孤獨是個主觀現象，無法藉由客觀標準來加以量化。因此，我們必須使用主觀標準，而最終得出的數量，顯然取決於設定的標準。最簡單明瞭的做法就是直接詢問人們，他們是否感到或曾經感到孤獨。不過，當我們區別「孤獨」與「不孤獨」時，卻無法清楚劃出兩者之間的界線。某個意義而言，我們都是孤獨的，然而若採取如此廣義的孤獨概念，我們就無法區分出那些最受孤獨所苦的人。另一方面，如果我們的孤獨概念過於狹義，那麼只會有極少數人符合我們的孤獨標準，我們將因此低估了孤獨問題的嚴重性。

量化孤獨

為了對孤獨進行量化，人們發展出幾項測試。其中最普遍的是一九七〇年代末開始使用的加州大學洛杉磯分校孤獨量表（UCLA Loneliness Scale）。然而，這個特殊量表的弱點在於，它針對的主要是年輕美國大學生的心靈，因此是否能夠適用於其他族群，例如挪威的退休人士或中國的孩童，不無疑慮。此外，測試中使用的關鍵詞彙也很模糊，例如受試者被問到他們是否「有時」或「經常」覺得完全孤獨。然而，「有時」與「經常」的界線在哪裡？我們有充分的理由相信，某個人的「有時」等於另一個人的「經常」。因此，人們需要更複雜的測試。之後出現了兩個例子，一個是基爾維德孤獨量表（De Jong Gierveld Loneliness Scale），另一個是成人的社會與情感孤獨量表（Social and Emotional Loneliness Scale for Adults）。有些測試針對比較特定的孤獨形式，例如存在孤獨問卷調查（Existential Loneliness Questionnaire）。還有一種測試是針對孤獨的正面形式：獨處偏好量表（Preference for Solitude Scale）。

然而，由於我們面對的是主觀現象，因此要成功發展出高精確度的測量工具是相當困難的。我們能做的也只是期望有更精確的測量工具出現，但如果實際的現象無法讓我們做到精確測量，我們也只能繼續使用現有的工具，只是在使用時也必須留心這些工具本身的局限。因此，對於這些孤獨的人的數量調查結果，我們使用時必須謹慎，因爲這些數字的取得不一定客觀。此外，當孤獨的人的數量增加或沒有增加時，我們也必須仔細思考，不能妄下定論，因爲量表與問卷提出的問題只要有些許變化，就有可能對結果造成極大的影響。

儘管如此，我們目前也只能仰賴這些調查數據來思索孤獨。孤獨是如何產生的？孤獨的人與日俱增嗎？調查的結果莫衷一是。有些研究顯示孤獨的人愈來愈多，有些研究則顯示愈來愈少，但絕大多數則顯示沒什麼變化。這些研究大部分聚焦在老年人身上，而這些研究清楚顯示，相較於過去，老年人並沒有變得更孤獨。[1]還有一些研究顯示孤獨的人數大爲增加，[2]孤獨人數大增的研究雖然最能獲得媒體的關注報導，但實際上這些研究結果只能算是異數。整體而言，孤獨的人數長期下來似乎一直維持穩定，但我們仍應避免做出任何斬釘截鐵的結論。

由於我們使用的測量工具精確度不高，因此「有百分之幾的人是孤獨的」這種說法其實毫無意義，因爲無論你使用多麼精確的文字來陳述，結果都是不精確的。然而，我們還是可以利用這些調查來觀察不同國家、社會團體、年齡層、性別等各種群體之間的差異。我們也可以試著從長期的角度探討孤獨的盛行與發展，但在這裡我們還是面臨了不確定性，因爲我們仰賴的各種研究並非依照相同的條件與方式來進行調查，因此它們得出的數據往往難以比較。

挪威針對國內的所得與生活條件做了全面性的調查，我們因此有了大量資料可以研究孤獨與其他現象的相關性。我們接下來的討論將完全以挪威從一九八〇年到二〇一二年針對所得與生活條件所做的調查爲基礎。[3]調查數字完全用百分比表示；調查的人數大約在六千到八千人之間。

如果簡要地說明調查結果，我們會發現在受訪者當中，孤獨的狀況並未增加。眞要說有什麼變化，那就是宣稱自己「經常」感到孤獨或「深受」孤獨所苦的受訪者百分比出現一定程度的下跌。

另一方面，從一九八〇年到二〇一二年，還有一個數字出現大幅變化，那就是擁有知心好友的人的百分比，如表所示：

	1980	1983	1987	1998	2002	2005	2008	2012
男性	62	63	69	80	80	97	93	93
女性	74	77	78	90	89	98	96	96

最近期的調查顯示，將近所有的受訪者都表示自己有知心好友。當我們調查孤獨感與擁有知心好友的相關性時，發現兩者的相關性並不顯著。從早期到近期的調查可以看出，擁有知心好友的人數增加了，但感到孤獨的人數並未相應減少。或許這表示，在避免孤獨上，擁有知心好友並不如一般所想的那麼重要。

個人與朋友接觸的頻率，無論是經常還是偶爾，都與孤獨沒什麼關係。對於回答「經常」感到孤獨的人來說，經常或偶爾與朋友見面對於他們孤獨感的產生幾乎沒有任何影響。但對「當下」或「偶爾」感到孤獨的人來說，與朋友見面卻有一定程度的影響。這種狀況可以支持「長期」孤獨是內因的假說，也就是說，長期孤獨不會受到社會環境太大的影響。然而對非長期孤獨來說，社會環境就扮演了較爲重要的角色。有趣的是，每天與朋友見面的人，要比沒那麼常與朋友見面的人，更容易感到孤獨。

在小型社群與大型社群，孤獨的盛行率幾乎沒有差別，但絕大多數關於所得與生活條件的調查都顯示，居住在居民較少的地區的受訪者，要比居住在大城市的受訪者更容易感到孤獨。在挪威，各個年齡層的孤獨盛行率與其他國家相比差異不大，但我們發現盛行率最高的年齡層分別是十六到二十四歲與六十七歲以上。在挪威，與其他國家一樣，孤獨的盛行率一向是女性高於男性。由於孤獨的性別差異是個長期現象，因此在往後的討論中我會區別男女的孤獨數字。我在本章的後半段也會討論孤獨出現性別差異的可能原因。

在關於所得與生活條件的調查中，最早期的調查與最近期的調查的用語也有所不同。最早期的調查對受訪者提出的問題是：他們有多常感到孤獨。但最近期的調查對受訪者提出的問題則是：孤獨對他們構成多大的困擾。這兩件事本質上是相互獨立的，我們不難想像，在回答感到孤獨的人當中，一定有一些人不覺得孤獨對他們構成困擾；反過來說，在很少感到孤獨的人當中，也有可能有人飽受孤獨的折磨。值得注意的是，一九九八年的調查同時出現這兩種類型的問題，我們比對這一年的調查數據之後，可以發現較早的調查與較新的調查結果之間有著顯著的相關性。在回答「經常」感到孤獨的人當中，有略多於半數的人表示他們「深受」孤獨困擾。以下我根據這兩個類型的問題製作了兩張表來顯示這些數據：

你感到孤獨嗎？

		經常	有時	不常	從未
1991	男性	3.2	13.5	20.6	62.7
1991	女性	5.0	21.1	23.3	50.6
1995	男性	3.2	13.7	20.6	62.6
1995	女性	5.3	21.5	22.9	50.3
1998	男性	2.4	14.0	29.6	53.9
1998	女性	4.3	20.8	31.1	43.7

孤獨的感受

		極度困擾	深受困擾	有點困擾	不覺得困擾
1998	男性	1.5	3.5	17.2	77.8
1998	女性	2.4	4.2	22.1	71.4
2002	男性	1.5	2.9	16.2	79.4
2002	女性	2.2	3.6	20.8	73.3
2005	男性	1.2	2.5	15.8	80.5
2005	女性	1.6	4.0	19.2	75.3
2008	男性	1.2	3.0	18.0	77.8
2008	女性	1.3	4.1	23.8	70.8
2012	男性	1.0	3.4	17.7	77.9
2012	女性	1.8	5.5	23.3	69.5

整體而言，這些數字並未顯示出明顯的發展趨勢。除了回答「經常」感到孤獨或「深受」孤獨困擾的人的比例似乎有下降的趨勢，此外幾乎看不出任何變化。無論如何，我們可以認定這些調查完全無法支持所謂我們正經歷一場孤獨流行病的說法。我們也可以認定感到孤獨的人占總人口的比例其實相當有限。

當有人說「每四個挪威人就有一個人受孤獨所苦」時，這個說法其實是正確的，因爲確實有二成五左右的挪威人認爲自己「極度」、「深受」或「有點」受孤獨困擾。儘管如此，把這三個群體混爲一談卻是一種誤導。這就像把長期偏頭痛的人與有時有點頭痛的人分在同一組一樣，彷彿這兩種人完全相同。

我之前曾經提過，我對於「有百分之幾的人是孤獨的」這種說法存疑，因爲在談到孤獨這種模糊現象時使用如此精確的陳述，無疑是一種欺騙。畢竟，我們每一個人都位於這道孤獨光譜中的某處。

孤獨、生命階段與社會群體

在生命的哪個階段最容易感到孤獨？不同的研究給出的答案也不一樣。[4] 絕大部分針對各年齡層進行的比較研究顯示，最容易感到孤獨的年齡層集中在青年與老年；也就是說，孤獨在各年齡層不是呈線性分布，工作年齡層的孤獨盛行率是最低的。然而，有些研究卻得出完全相反的結果，還有一些研究顯示各年齡層幾乎沒什麼差異。[5]

兒童的孤獨盛行率與父母的孤獨盛行率相關，而兒童的孤獨盛行率與母親的相關性又高於父親。[6] 這種相關性可以有各種不同的解釋，既與社會有關，也與遺傳有關。孤獨似乎有一部分屬於遺傳現象，因此遺傳學或許可以解釋一半的孤獨情感問題；也就是說，孤獨有大約百分之四十五到五十的遺傳因素。[7] 關於遺傳的影響，有一項有趣的特徵：從童年到青少年，遺傳的影響會急遽減弱。也就是說，遺傳對十二歲孩子的影響，遠比對七歲孩子的影響來得小。

研究顯示，遺傳造成的催產素受體缺乏會使人更容易感到孤獨。[8] 催產素是產生依附他人情感的關鍵生化要素。一旦身體缺乏利用催產素的能力，就有可能引發孤獨情感，不過孤獨是一種複雜現象，我們必須避免用催產素受體缺乏這個單一的原因來加以解釋。[9]

這些研究也顯示有些族群較容易感到孤獨，例如移民、身心障礙人士與老年人。已婚或擁有同居伴侶、擁有一個或多個好友、身體健康與教育程度較高，這些似乎都能降低孤獨風險。完全脫離職場與孤獨顯著相關，相較之下，失業與孤獨的相關性則沒有那麼高。[10]孤獨的性別差異有一個獨特現象：職場中的男性較不容易感到孤獨，但職場中的女性卻比完全脫離職場的男性更容易感到孤獨。[11]健康與老年人的孤獨關係不大，但在其他年齡層，健康狀況不佳卻與孤獨顯著相關。

談到個人對孤獨的感受程度，其中一項關鍵因素是個人居住的國家。這個因素其實比年齡的影響更大。在歐洲，東歐居民顯然是最孤獨的，而北歐人則最不孤獨。[12]在南歐國家，例如義大利、希臘與葡萄牙，孤獨的百分比相對較高。與其他歐洲國家相比，斯堪地那維亞國家的孤獨盛行率相對較低，各年齡層的孤獨盛行率差異也相對較小。[13]

孤獨與性別

女性是最容易感到孤獨的群體。絕大多數研究顯示，女性的孤獨盛行率高於男性。[14]在童年時期，男女在孤獨的感受上沒有太大差異，但之後在各年齡層與各個社會，都呈現出女大於男的趨勢。有些研究顯示男性的孤獨盛行率高於女性，但這些研究只能說是例外。從統合分析中可以看出女性的孤獨盛行率較高，但每個研究呈現的女性孤獨現象卻有很大的不同。[15]有些研究顯示，即使女性的孤獨盛行率高於男性，但男性的孤獨情感卻比女性強。[16]退休之後，「何時」孤獨感會開始增加，似乎也存在性別差異。一項研究顯示，男性在七十五歲之後孤獨感開始增加，女性則是五十五歲之後——這是個巨大差異。[17]

我們無法明確回答孤獨的女性爲什麼比男性多，特別是各種資料顯示，女性往往比男性擁有更健全的社會網路與更多知心好友。女性與家人的互動也比男性來得密切。女性一輩子都在建立新的友誼，男性則傾向於維持舊的友誼，男性在老朋友離去之後，朋友的數量只會不斷減少，而且不會補充新的朋友。[18]這種狀況可能讓我們以爲男性比女性來得孤獨，但事實上剛好相反。當然，這個性別差異總是可以從女性比男性坦誠來加以解釋，因爲她們被詢問時通常比較願意承認自己覺得孤獨。[19]然而，我認爲這種解釋不具說服力，而且也缺乏獨立的證明。性別差異也可以用來解釋其他各種現象。舉例來說，女性的回答顯示出較強烈的焦慮與憂鬱傾向，而男性則顯示出較強烈的厭煩傾向。就我而言，我認爲最合理的解釋是，女性對於關係的需求與男性不同。

這種關係需求上的性別差異可能出自生物、心理或社會因素，而有些證據顯示，這種性別差異與其說源自於生物學，不如說來自於社會規範。[20]如果女性有較強的關係需求，那就不難解釋爲什麼女性通常比男性擁有更緊密與更深刻的社會關係，但卻依然比較容易感到孤獨。然而，我們沒有明確的依據來判斷女性基於什麼原因而擁有較強的關係需求，因此目前我們只能專注於探討各項研究指出的女性的孤獨盛行率高於男性的問題。

男女的性別差異也表現在其他方面，例如男性孤獨的一個特別明顯的預測因子是欠缺大團體或機構的認同，例如，工作的組織或就讀的大學。反觀女性孤獨則與這種認同的欠缺沒什麼關連性。[21]此外，女性似乎比男性更看重一對一的依附關係。然而，即使我們發現與已婚人士相比，未婚女性與未婚男性同樣容易感到孤獨，但未婚男性孤獨的程度依然強於未婚女性。[22]

孤獨與人格特質

孤獨或不孤獨的一項特徵是，孤獨的情感往往會維持穩定，而且會持續很長一段時間。[23]在特定時間接受孤獨程度測試的人，他們的孤獨分數往往會跟他們之前與之後接受測試得到的分數差不多。當然，外在環境的變遷會影響孤獨情感，但對絕大多數人來說，儘管生活環境出現重大變化，他們感受到的孤獨程度往往還是會維持穩定。這表示，對這些人來說，孤獨更取決於個人的性格而非外在環境的影響。

我們之前提過，我們無法從一個人有多少人陪伴來預測他是否感到孤獨。一個人是否感到孤獨，應該要從這個人的社會互動是否滿足他對依附關係的需求來判斷——至於他的社會互動是否有意義則不是那麼重要。[24]孤獨的人的長相不會比其他人更具吸引力或更不具吸引力，孤獨的人也不會比其他人更聰明或更愚蠢。孤獨的人的日常活動也與不孤獨的人差異不大。對年輕人來說，孤獨與喝酒的相關性遠不如同儕關係，但到了中年的年齡層，我們發現孤獨與較高的酒精攝取量、食用較多不健康的食物與身體活動量較低有較高的相關性。[25]

有些研究認爲，孤獨的人的社交技巧與不孤獨的人一樣良好，但也有一些研究主張孤獨的人的社交技巧較差。[26]當談到人格心理學的五大特質時，孤獨的人似乎在外向性、親和力、責任心與神經質上面分數較低。[27]相比之下，開放性似乎沒有什麼重要性。此外，許多研究顯示，孤獨的人比不孤獨的人更傾向於從負面角度看待人際現象。[28]孤獨的人看待自己與他人的方式也比不孤獨的人負面。[29]文學上一個典型的例子是索爾・貝婁（Saul Bellow）的孤獨主角赫索格（Herzog），赫索格總是一直在腦子裡構思信件內容，但這些信一封也沒寄出。[30]這些信都是寫給他的家人、朋友、名人與其他人——他通常是在這些人死後才寫信給他們，其中一些人他甚至沒見過面。這些信有個共通的主題：赫索格在當中表達了他對自己與他人的失望。我們可以把這種人稱爲「偏執狂者」（monomaniac），總是認爲每個人——包括他自己——都達不到標準。

孤獨的人傾向認爲自己能力較差、較不具吸引力、在社會上屬於比較沒用的人。相較於不孤獨的人，孤獨的人在現實的自己與理想的自己之間有著較大的落差。[31]孤獨的人也比不孤獨的人更容易遭受負面評價，這種情況又因爲孤獨的人比不孤獨的人更容易從負面角度看待他人而更形惡化[32]——也就是說，其他孤獨的人顯然也會給予孤獨的人最負面的評價。這使得兩個孤獨的人一起合力克服孤獨的可能性大爲降低。孤獨的人也更容易覺得整個社會環境具有威脅性。[33]同時，孤獨的人認爲其他人較不可靠且無法提供支持。[34]因此，高度孤獨的人往往是遭遇困境便往內退縮的人，他們較不願向外尋求情感支持與實際幫助。[35]孤獨的人也比不孤獨的人更不願幫助他人。[36]而且孤獨的人似乎也對他人較無同情心。[37]

孤獨的人在與他人對話時，往往更多是在談論自己而很少向他人提出問題。[38]參加快速約會（speed dating）時，孤獨的人往往比不孤獨的人心不在焉而且難以取悅。[39]孤獨的人似乎不願讓人理解。[40]孤獨的人也比其他人更自我中心。[41]不過，這種只在意自己的人往往非常在意他人的目光。只有占據他人的視野，才能讓他們肯定自己的存在。儘管如此，孤獨的人卻無法與自己或他人建立眞正的關係。他們只能從他人眼中的倒影看到自己。因此，對孤獨的人來說，他人不過是用來映照他的鏡子。這些只在意自己的人，要比接受孤獨是自己人生一部分的人更加孤獨。孤獨的人害怕進入社會，他們也害怕自己害怕社會。他們害怕自己永遠無法了解社會的遊戲規則，他們發現自己難以仰賴任何人。此外，孤獨的人認爲自己是受害者，他們相信自己因爲他人拒絕給予他們需要的認可而受害。然而實際上，是孤獨的人先把他人化約成認可的提供者。說到底，孤獨的人其實對他人不感興趣——這是爲什麼他們如此孤獨的緣故。

因此，不難想像孤獨在經過一段時間之後會使一個人產生更多的反社會行爲，而這種反社會行爲又會使這個人更加孤獨。於是，原本存在於內心的令人沮喪的社會關係，在經過一段時間之後，將變成客觀的現實。孤獨的人面對一段關係時，更有可能懷疑自己伴侶的稱讚是否發自肺腑，他們會認為自己的伴侶故意隱藏內心的負面情感。[42]與不孤獨的人相比，孤獨的人更認為自己的朋友與自己不同。[43]然而，把自己詮釋成與眾不同，更容易讓一個人用較為否定的態度看待他人。舉例來說，有證據顯示，當某人被視為同一個群體的成員時，他的微笑往往被視為是一種善意；然而一旦這個人來自群體之外時，他的微笑就可能被當成是一種威脅。[44]認為自己與眾不同的人經常覺得自己遭到誤解，也更有可能陷入憂鬱。[45]此外，長期孤獨的人比不孤獨的人對人際關係有更高的期待。[46]相較於不孤獨的人，孤獨的人比較不容易對正面的社會經驗感到滿意。[47]我曾在第二章討論過，孤獨的人經常流露出一種社會完美主義，在社會互動時，他們往往對自己與他人有著更高的要求。[48]

克莉絲汀・納斯（Kristine Næss）的小說《只是個人》（*Bare et menneske*, 2014）精彩地描繪了這種孤獨人格類型。小說的主人翁貝婭・布里特・維克爾（Bea Britt Viker）是個五十幾歲的作家，獨自一人住在奧斯陸（Oslo）的西區。她已經與克努特（Knut）離婚，並跟他育有兩個孩子，她表示是孤獨造成兩人分開。[49]貝婭這輩子一直渴望擁有男人，她抱怨自己「性需求最旺盛的時候，身旁的男人卻一個個有著嚴重的性無能」。[50]她說自己之前的幾次戀情不過是「幻覺」，遭到欺騙的她完全沒看清「眼前的男人缺乏勇氣、判斷力或其他特質」。[51]貝婭說自己擁有「一定程度的社交生活」，偶爾會跟老朋友通電話，或者跟她們一起出去喝酒，但實際上她跟這些人並不親近。[52]貝婭完全沉溺於自己的一切而且自顧自憐，然而她對自己的性格也會毫不客氣地加以批判。[53]儘管如此，她對他人的批評則更是不遺餘力。貝婭覺得，她擁有的所有關係沒有任何一個達到她的標準。她認為愛情必須是「完全的」，但她自己也不知道「完全」應該是什麼樣子。[54]簡單地說，貝婭是因為孤獨所以才獨自一人，而不是因為獨自一人所以才孤獨。

先前的孤獨研究曾提出一種假說，認為孤獨的人之所以如此，是因為他們無法像不孤獨的人那樣處理社交資訊。然而，這個假說已經遭到推翻。有些研究同時要求孤獨的人與不孤獨的人閱讀一篇與某人的社交生活有關的部落格，或觀看幾張人們做出不同臉部表情的照片，結果發現，孤獨的人從部落格得到的社交資訊與不孤獨的人差不多，對於照片人物表情的辨識也與不孤獨的人一樣精確。[55]事實上，孤獨的人在社交上似乎有過度敏感的傾向，而這種敏感阻礙了他們的社會參與。孤獨的人也比較在意他人如何看待自己。這些傾向使孤獨的人很難毫無顧忌地在特定的社會處境出現，因爲他們總是瞻前顧後，無法立刻採取行動。孤獨的人總是不斷在尋找被他人拒絕的跡象，而他們也因此找到許多自己遭到拒絕的跡象，並對這種跡象做出強烈回應。[56]不帶惡意的話語與行動往往被孤獨的人詮釋成帶有惡意，而孤獨的人又會對這些自己所詮釋的惡意進行惡意的反擊。[57]於是，對孤獨的人來說，社會領域似乎帶有巨大的風險，而孤獨雖然痛苦，至少是個安全的選擇。孤獨導致了逃避社會的做法。由於孤獨的人比較不會將他人視爲正面關係的可能來源，因此孤獨的人往往會選擇減少與他人建立依附關係。[58]

4

孤獨與信任

一個人只要能夠信任與尊重別人，他就不會感到孤寂。

——喬治・艾略特（George Eliot），《羅莫拉》（*Romola*）

研究顯示，孤獨與一般性信任之間存在著負相關：你愈信任他人，就愈不會感到孤獨；你愈不信任他人，就愈會感到孤獨。[1]我們很難判斷這個因果關係的性質，甚至也無法確定是否存在這樣的因果關係，不過有許多證據可以看出，低程度的信任關係要比高程度的信任關係更容易導致孤獨。[2]孤獨與信任的連結不僅出現在個人層面，就連國家之間也存在這樣的關係。

挪威與丹麥的比較研究顯示，對他人的信任程度是解釋挪威與丹麥孤獨感受差異的關鍵因素。[3]舉一個明顯的例子，保羅・奧斯特（Paul Auster）在《孤獨及其所創造的》（*The Invention of Solitude*）描述他的父親陷入孤獨的深淵之中，他特別強調他的父親無法信任任何人，包括他自己在內。[4]信任他人的能力與發展依附關係的能力，兩者息息相關。我們曾在第三章指出，孤獨的人更容易將周遭的社會環境詮釋成具有威脅性。[5]與不孤獨的人相比，孤獨的人更傾向於認為他人較不可靠且無法提供支持，[6]並更傾向於認為他人與自己毫無相似之處。[7]然而，在信任研究中經常提到一個重點，相似才能建立信任。我們比較容易信任與我們相似（或至少我們相信那些人與我們相似）的人。如果有人認為自己與眾不同，那這樣的人對他人也會採取較不信任的態度。

信任可以被描述成各種樣態，它可以是一種感受、一種看法、一種信念、一種關係或一種行為。所有這些描述都反映了信任的重要面向。沒有人能在完全缺乏信任的狀況下過生活。哲學家如多瑪斯・阿奎那（Thomas Aquinas）與約翰・洛克都曾正確指出人類生活不能沒有信任。格奧爾格・齊美爾表示，人與人之間如果缺乏一般性信任，社會將會瓦解。[8]我們的日常生活處處需要仰賴他人，舉例來說，我們相信眼前的人不是自殺炸彈客；平常接觸的人一般而言都會說實話等等。少了這樣的信任，我們將寸步難行。而一旦少了信任，所有以信任爲前提的行動都無法進行。不信任他人的人比信任他人的人更加吹毛求疵，這樣的人會把精力全虛擲在監督他人上，他們會目不轉睛地注意他人的行動，他們會設法找出他人的意圖與自己的欲望相衝突的跡象等等。畢竟，要像電影《疤面煞星》（*Scarface*, 1983）的東尼・蒙大拿（Tony Montana）一樣抱持懷疑的態度過生活：「我該相信誰？我自己！」可不是件容易的事。

信任的文化

信任與孤獨的連結不僅出現在個人層面，它同時也出現在國家層面。當一個國家的民眾對於人與人之間的關係表現出高度信任，這個國家通常孤獨盛行率會相對較低。同樣地，一個國家的民眾對於人與人之間的關係表現出低度信任，這個國家通常孤獨盛行率會相對較高。顯然，這個理由可以用來解釋爲什麼斯堪地那維亞國家的孤獨盛行率偏低，而義大利、希臘與葡萄牙這些國家的孤獨盛行率偏高。同樣地，我們在東歐前共產主義國家看到了極低程度的信任與極高程度的孤獨。到目前爲止，我還沒有看到有任何研究分別探討東西德的孤獨現象，但從前東德地區的信任程度普遍偏低來看，我們有理由相信這些地區的孤獨程度也會偏高。

在挪威與丹麥，大部分民眾相信他們可以仰賴絕大多數人，但在巴西與土耳其，每十個人卻只有一個人這麼想。[9]經濟合作暨發展組織（The Organisation for Economic Co-operation and Development; OECD）調查發現，挪威人與丹麥人每十個人就有九個人對他人有「高程度」的信任，但希臘人與葡萄牙人每十個人卻只有四個人如此。[10]一般性信任程度的歧異如此之大，顯然會對不同國家民眾的互動造成巨大的影響。我們也發現挪威與丹麥的孤獨數字是歐洲最低的，希臘與葡萄牙則是最高的。中國幾乎從未進行過孤獨研究，但我們有理由相信中國的孤獨程度應該也會偏高。[11]信任與孤獨呈現負相關，這種現象同時出現在個人與國家層面。當然，這其中也存在例外——總是會有例外——最明顯的例子或許是日本，日本民眾的信任程度極高，但孤獨程度也很高。

一般認為西方世界——世界其他地區也是如此——正經歷一場信任危機，但並沒有太多證據顯示信任程度出現全面性的下跌。當然，信任程度會隨時間而變遷，且在各個領域也不盡相同。舉例來說，金融危機使民眾對金融機構的信任程度降低，而在許多國家，這種不信任甚至蔓延到政府機構上；但在某些國家，例如瑞士與以色列，我們發現民眾反而變得更信任政府。[12]與此同時，沒有任何證據顯示一般性信任有減少的跡象，這裡的一般性信任指人們彼此之間相互信任並形成一個整體，而正是這種信任形式對孤獨有著重大影響。舉例來說，如果觀察斯堪地那維亞國家，我們會發現一般性信任過去幾十年來一直持續提升，已經達到非常高了。[13]當然，信任正受到威脅——信任「一直」受到威脅，因為信任很容易受到破壞並難以建立——但我們沒有理由相信信任目前遭受到的威脅要比過去來得大。

一個國家如何建立高程度的信任，這點仍有爭議，而這當中也牽涉許多因素，例如健全的法治、穩固的公民社會、清廉的政府、文化同質性、繁榮、經濟平等等等。[14]此外，一個國家擁有較高的教育水準也與較高的信任程度相關。個人主義與一般性信任之間似乎也存在著顯著的相關性，個人主義社會的信任程度要比集體主義社會來得高。至於一個公權力不彰的國家或一個腐敗的政府，當民眾無法仰賴這樣的國家與政府來保障他們的權利時，將對這個國家的一般性信任造成毀滅性的結果。[15]社會隔離（social segregation）也會產生極為負面的效果。挪威在這方面的討論普遍認為，福利國家可以產生較高的信任程度。然而，在一項研究中，安德里亞斯・貝格（Andreas Bergh）與克里斯蒂安・布約恩斯科夫（Christian Bjørnskov）卻提出令人信服的論點，他們主張事實上剛好相反：正因挪威有著較高的信任程度，挪威才得以成為福利國家。[16]然而這不表示福利國家的發展無法促進信任程度提升，只是關鍵還是在於信任影響了福利國家的發展。在檢視了七十七個國家之後，貝格與布約恩斯科夫認為，從一個國家過去的信任程度，可以推斷這個國家的福利程度。他們考慮了各項因素，研究在一百五十年前與七十年前從斯堪地那維亞移民到美國的民眾後代的信任程度；他們發現這些人的信任程度遠高於美國一般民眾。

極權主義的孤獨

漢娜・鄂蘭（Hannah Arendt）在分析政治極權主義時提到孤獨。極權主義摧毀人與人之間可以自由互動的空間；極權主義也摧毀社會空間，泯滅私領域與公領域之間的區別。極權主義是一種有組織的孤獨。[17]鄂蘭正確指出極權主義體制造成民眾的孤獨，但爲什麼會如此，鄂蘭提出的解釋卻不太容易理解。鄂蘭的分析的弱點在於，儘管她確實提到「信任與可信任……」的關係，但她卻未能針對「信任」這個主題進行討論。[18]

人類歷史上最缺乏信任的社會，恐怕非一九三〇年代的蘇聯莫屬。[19]在當時的蘇聯，你基本上無法相信任何人，也沒有任何人能相信你。[20]沒有人知道誰是祕密警察的線人，而即使你沒幹任何壞事，卻還是有可能遭到逮捕、被送往監獄或勞改營。由於民眾必須向當局證明自己是可信任的，因此民眾彼此之間互不信任。[21]一九三〇年代，整肅「敵人」的行動逐漸失控，爲了營造秩序井然的假象，蘇聯當局規定必須逮捕一定名額的「叛國者」。然而實際上哪些人符合條件而必須列入名單卻完全無法預測，因爲每個星期規定的條件都不一樣，也許哪天，就連集郵家也會成爲叛國者。要在這種社會生存，關鍵是不可以讓別人知道太多自己的事。說話時，遣詞用字必須極其謹慎，即使在看似毫無危險的狀況下也要小心，連表達自身感受也要留意。最穩當的做法就是盡可能減少人與人之間的接觸。

在現代社會裡，健全的法治是建立信任的首要條件。鄂蘭在一九五一年九月三日的日記中特別強調這點：

> 政治的存在是為了保證最低程度的信任。法律規定：當你做了某種行為，就會產生某種法律效果；協議規定：當你履行某些約定，我就會履行某些約定——法律與協議在不可預測的事物中創造出具有可預測性的框架。道德也是如此。因此，如果政治與憲法能夠更無可動搖，人們就能減少對道德的依賴，尤其在世界持續擴大的時代，不同的道德彼此牴觸碰撞，往往使道德相對化。[22]

遺憾的是，鄂蘭並未援引上述觀點來分析極權主義社會的孤獨，因此在她的分析中，我們很難看出爲什麼極權主義會產生孤獨。

事實上，我們必須指出，從《極權主義的起源》（*The Origins of Totalitarianism*, 1951）到《人的條件》（*The Human Condition*, 1958），鄂蘭一直持續對孤獨進行分析，她在《人的條件》中提到，現代大眾社會也普遍感受到曾在極權主義社會出現的孤獨特徵：在現代大眾社會中，由於私領域與公領域的界線逐漸模糊，孤獨因此「取得了最極端也最反人性的形式」。[23] 鄂蘭的診斷在這裡出現了錯誤，而她往後持續提出的說法幾乎與大衛・理斯曼（David Riesman）、內森・格萊澤（Nathan Glazer）以及留埃爾・丹尼（Reuel Denney）合著的《孤獨的人群》（*The Lonely Crowd*, 1950）如出一轍。鄂蘭提到現代大眾社會有著私領域與公領域界線逐漸模糊的狀況，這個說法是正確的，只不過這種模糊與極權主義社會的模糊不同，因爲現代大眾社會依然允許個人與個人之間擁有自由互動的空間。這項差異對人與人之間的信任產生影響，從而造成不同的孤獨結果。民主社會、極權社會與威權社會在信任程度與人與人的互動方式上有著很大的不同。事實上，亞里斯多德早已看出這層差異，他表示，在僭主體制下，朋友的關係不能太親密，但在民主體制下則無此顧慮。[24]

人與人互動時的信任

爲什麼信任在孤獨問題上扮演著如此決定性的角色，這點其實不難理解。缺乏信任會讓人戒愼恐懼，使人不願與他人密切接觸，而密切接觸卻是我們與他人建立依附關係的重要條件。我們可以在喬治・艾略特的《米德爾馬契》（*Middlemarch*）中看到：「他不相信她的感情，有什麼孤獨會比不信任更孤獨呢？」[25]不信任會讓你完全孤立。

當你信任某人時，你會變得容易受到傷害；當你信任對你來說十分重要的人事物時，你會變得極容易受到傷害。如果你向他人吐露心中的祕密，你將失去對自身資訊的控制。如果你想與他人建立親密關係，你可能有遭到拒絕的危險。因此，人們往往把信任他人當成是一件天眞的事。然而，許多證據顯示，信任他人其實可以更準確地評估他人的人格與意圖。[26]信任他人可以對他人做出更細微的評估，可以做出更快的反應，與他人的互動也會更順利。

信任可以化解人與人之間的不確定性。與他人互動時，總是存在著風險。你永遠無法知道眼前的人在想什麼或他們可能做什麼。當然，嚴格來說，你自己也不確定自己在想什麼與可能做什麼，不過這是兩碼事。面對親密的朋友與家人，你會忽略這種風險。事實上，如果你面對朋友仍會考慮這種風險，那就表示你與對方沒有眞正的友誼。當然，我們不需要各方面完全信任某個特定的個人：舉例來說，我信任某個朋友，我有事的時候會請他幫我照顧小孩，但即使我非常信任他，也不一定非得要請他幫我動腦部手術不可。人與人之間存在著一般性信任，如果人與人之間出現一般性的不信任，那麼就不可能建立友誼。拉羅希福可對此提出精確的說明：「不相信朋友，要比被朋友欺騙更羞恥。」[27]不信任顯示你不是眞正的朋友，如果你不是眞正的朋友，那麼遭到拒絕也是理所當然：「我們既然已經不信任他人，那麼他人欺騙我們也是應該的。」[28]

法蘭西斯・福山（Francis Fukuyama）表示，不信任會提高人與人之間互動的

「交易成本」。[29]人與人之間的相處將因此變得更加困難。當然，一般來說，人們總是彼此信任，因爲完全缺乏信任根本無法生存。不過，信任也有程度與種類之分。因此，當丹麥哲學家與神學家K・E・洛格斯特魯普（K. E. Løgstrup）在《倫理的要求》（*The Ethical Demand*, 1956）中以清楚的二分法來描述信任時，他的說法其實造成了誤導：

> 在正常狀況下，我們總是帶著自然的信任與他人來往，這是人類生活的基本特徵。我們不僅對熟識的人如此，對完全陌生的人也是如此。我們只有在一些特殊狀況下，才會預先對陌生人存有不信任的心態……我們一開始都會相信彼此說的話；我們一開始都會信任彼此。這聽起來有點奇怪，但人性就是如此。沒有信任，人類生活幾乎不可能存在。沒有信任，我們不可能維持生活，如果我們一開始就不信任彼此，如果我們一開始就懷疑對方偷竊與說謊，我們的生活將遭到破壞而且將無以為繼……然而，信任他人就是不隱藏自己。[30]

洛格斯特魯普強調信任是人類存在的基本特徵，這無疑相當正確。缺乏先天的信任，我們無法長大成人。然而，我們對他人的信任也有程度之分，我們不見得是抱持他人會背叛我們的想法才不信任他人，事實上，只要想到他人不一定喜歡或接受我們，我們就有可能不信任他人。缺乏一般性信任的人不一定認爲他人充滿惡意，他們只是認爲「有風險」——因爲他人「有可能」傷害他們。不信任他人的人比較不會透露個人資訊，因爲他們擔心對方會做出負面的回應或將資訊傳布出去。不過，這個假說與認爲孤獨的人缺乏社交技巧的假說不能混爲一談。

恐懼與不信任也會自體延續。不信任會養成更多的不信任，撇開其他原因不談，不信任也會孤立個人，使個人無法從各種處境中學習信任他人。孤獨的人比不孤獨的人更容易認爲周遭的社會環境具有威脅性[31]，而這種恐懼也阻礙人們去從事眞正能減少孤獨的活動：與人接觸。社交恐懼使人不敢與他人面對面接觸，從而影響了他們的社會關係。究竟是不信任他人使人更孤獨，還是反過來，因爲孤獨而使人更不信任他人？或者是兩者相互影響？我們難以判定兩者的關係，但目前較多的證據支持前者的說法，也就是不信任他人更容易讓人感到孤獨，而非孤獨更容易使人不信任他人。[32]針對美國大學生的一項研究顯示，學生在被教導不應該信任陌生人之後，會跟成人一樣產生較強的孤獨感，而這種影響在女性身上尤爲顯著。[33]

考慮之後才信任，這種做法通常與風險意識有關，而且本質上就是一種不信任。考慮之後才信任，這種信任是有限且有條件的，表示我們是在願意接受某種風險或願意承擔遭受傷害的可能之後，才決定信任對方。然而，當我們展現信任時，前提應該是我們認爲對方不會利用我們透露的訊息來傷害我們。當我們仰賴他人時，我們總是會正面詮釋對方的話語與行動，否則我們就不會仰賴他人。[34]另一方面，從不信任的立場來看，一旦我們傾向從最負面的角度來詮釋一切事物，我們就會變得很難與人建立關係。而一旦無法與人建立關係，我們就無法藉由與人的接觸來學習到我們其實可以仰賴他人。如果我們不信任他人，我們就會限制自己與他人互動，而這也表示我們將愈來愈沒有機會證明「人是不可信任的」這樣的想法是錯的。不信任會阻止我們接觸外在世界。將他人拒於門外，意謂著我們完全封閉自己。屆時與我們相伴的將只有孤獨。

5 孤獨、友情與愛情

有時妳變得如此孤獨
有時妳哪裡也去不了
我在世界各地生活過
我對每個地方毫無留戀
請妳屬於我
分享我的生活
陪伴在我身邊
當我的妻子

——大衛．鮑伊（David Bowie），〈當我的妻子〉（*Be My Wife*）歌詞，《低落》專輯（*Low*, 1977）

只有能流露友情與愛情的人，才能感到孤獨。於是這麼說或許也很合理：只有能感到孤獨的人，才能愛人或成為某人的朋友。

孤獨存在於每個社會空間之中。即使你與他人分享經驗，但經驗的邊緣地帶依然由你所獨有，你永遠無法將這個邊緣的經驗充分傳達給他人。如果你感到絕望，你總是能說你感到絕望，至於你「感到」「多」絕望，則是你永遠無法傳達的事。如果你覺得耳痛，你可以告訴他人你覺得耳痛，如果他們也曾經耳痛過，那麼他們會知道耳痛是什麼感覺，並對你感到同情。儘管如此，他們還是無法「分享」你的耳痛經驗。這類經驗告訴我們，在我們與他人之間存在著無法跨越的距離。我的意思不是說，我們對自己的認識一定比我們對他人的認識更為透徹，畢竟，我們每個人都是善於自欺的高手。舉例來說，當我們試圖對自己完全誠實時，我們會罕見地說出極具說服力的謊言。然而，至少我們認識自己的方式會與我們認識他人的方式有所不同。我們可以逃避他人，不管是身體上的遠離還是心靈上的疏遠，但我們無法逃避自己——短時間也許可以，例如完全專注於玩樂或工作，但長時間絕對辦不到。我們與自己維持著一種我們與他人沒有的關係。我們的自我意識絕大部分來自於我們察覺到自己與他人是有區別的。

然而，愛情與親密的友情之所以美好，就在於它們是與「他人」建立的關係，是與某個與我們不同的人建立的關係，他人不是自我的複製品，也不是自我的影子，相反地，他人可以擴充自我，使我們得知外界如何看待自我，並且給予我們無法從自我獲得的認可。事實上，正是因爲他人與我們「不同」，才能建立這種親密關係。

友情與愛情都有自己的歷史，而這些歷史有時相當複雜，我在這裡無法詳加討論。[1]因此，我只能著重在友情與愛情的核心概念上，嘗試說明友情與愛情對孤獨的影響。此外，直到十九世紀爲止，友情普遍被認爲是人們所能擁有的最親密的個人關係，但之後逐漸由婚姻扮演這個角色。

關於友情

哲學家對於友情的探討遠不如愛情頻繁，他們對友情的探討也較爲審愼。所有的哲學都會對研究的客體進行理想化（idealization），試圖盡可能清楚地呈現客體，以掌握客體的本質。哲學家在探討愛情時，會對愛情進行理想化，使其以現實絕對無法達成的形式呈現。另一方面，哲學家在探討友情時，卻傾向於以較貼近現實的方式來呈現。亞里斯多德與康德可以說是探討友情的兩位最卓越的哲學家，但兩人切入的方式卻截然不同（考量到兩人身處的社會有著極爲不同的社會關係，因此這層差異並不令人驚訝）。

亞里斯多德在《政治學》（*Politics*）第一卷寫道：「與任何種類的蜜蜂或任何獸群相比，人類顯然更像是政治的動物。我們認為，自然的造化必定有其道理，因為在所有動物之中，只有人類能夠說話。」[2]對亞里斯多德來說，人類作爲一種「政治動物」——一種能與同類共同生活組成社會的動物——這項特徵與我們的說話能力密不可分。我們只能在彼此能夠進行溝通的關係中生存。此外，相較於其他生物，人類更傾向於一起生存，因此，渴望自給自足並完全不需要他人的人不能算是人類，這樣的人「要不是野獸，要不就是神明」。[3]亞里斯多德還表示，擁有朋友是

「最大的一種外在善」。[4]

亞里斯多德區別了三種類型的友情。在每一個類型中，「我們都能看到人與人之間存在著相應與互惠的情感，彼此友愛的人都希望對方好，而這正是人們表現友情的方式。」[5]首先，利益的友情（friendships of utility）是根據相互的利益建立的。亞里斯多德指出，利益的友情很容易建立，但遺憾的是，很多人混淆了利益的友情與深刻的友情。此外，利益的友情無法長久維持，因爲利益的友情建立在利益之上，而利益會隨著生活環境的改變而變動。從這點來看，利益的友情終究會瓦解，因爲這種友情不是建立在個人特質上，而是建立在外在的事物上。第二種類型是快樂的友情（friendship of pleasure），人們覺得跟某些人來往會讓心情愉快，因此跟這種人交朋友可以讓自己得到快樂。亞里斯多德強調這種友情也很容易建立，但這種友情也是脆弱的，因爲快樂也很容易消逝。亞里斯多德認爲，利益的友情與快樂的友情是不完整的。對比之下，亞里斯多德又提出第三種友情，也就是美德的友情（friendship of virtue），他認爲這種友情才是完整的友情：

良善之人的友情才是完整的友情，這些人有著高尚的美德：他們每個人都希望對方好，因為他們的朋友是良善之人，而他們自己也是良善之人。為朋友設想，希望朋友好的人，這種人是最好的朋友，因為他們是站在朋友的立場來為朋友著想，而不是為了其他附帶的理由。只要他們都是良善之人，他們的友情就會維持下去，因為美德總是能持續長久。[6]

擁有美德的人的友情是最好的友情，擁有美德的人希望對方好，而且也讚賞對方的美德。這種類型的友情較爲持久，因爲這種友情是以朋友的爲人與性格爲基礎，不會因爲利益或快樂的變化而改變。然而，亞里斯多德認爲這種友情極其少見，因爲要維持這種友情需要高尚的美德，而擁有這類美德的人並不多。[7]擁有這樣的朋友就如同擁有「另一個自我」。[8]如果擁有這樣的朋友，就應該盡可能花時間跟這樣的朋友來往，而這就表示不可能同時結交好幾個這樣的朋友，因爲要維繫這樣的友情需要投入自己的人生。

康德認爲友情是互惠的愛的最高形式。[9]他簡短討論了兩個低等的友情形式：

需求的友情（friendship of need）與趣味的友情（friendship of taste）。這兩種友情與亞里斯多德的利益的友情與快樂的友情大致相當，在此我們就不多做討論。康德又區分了兩種有價值的友情，第一種在現實上不可能達成，第二種則是極難達成。第一種友情透過相互的愛與尊重使兩個人能做到完全平等。[10]康德認爲這種友情在現實上不可能達成，原因在於我們永遠無法確定自己與他人的關係實際上是否眞的完全互惠，因此朋友之間總是面臨著潛在不平衡的威脅。第二種友情則是兩個人之間完全信任，坦誠將自己的想法、祕密與感受告訴對方。[11]康德寫道，人不想「孤獨地與自己的思想為伍」。然而，把自己對政治事務、宗教或他人的看法與感受透露給他人知道是一件有風險的事。因此，人們希望結交知心好友，向他們透露自己的看法與感受，就不用擔心遭到背叛。所以，在這種友情裡，信任是最重要的核心。[12]坦誠相見則是這種友情的存在基礎。[13]朋友必須敞開心胸接受彼此的想法與感受，並能持續爲彼此著想，如果朋友認爲對方走錯了路，也要能提出批評。被朋友指正固然是友情中不可或缺的一環，但願意敞開心胸接受對方的批評毋寧更爲重要。在這種狀況下，我們要問的是，康德爲什麼認爲這種形式的友情要比另一種更容易達成，因爲這當中同樣存在著無法保證的互惠關係，但康德並未對此提出解釋。此外，一個人顯然只能擁有幾個好朋友，因爲朋友愈多只會減損每一段友情的價值。[14]相對於亞里斯多德的美德的友情，康德的親密友情（friendship of intimacy）並不要求人們必須花很多時間相處。只要能做到互信，那即使長時間不見面，也能維持友情。然而如果朋友之間並未花很多時間相處，例如一起聽音樂會或打網球，那這樣的友情也十分淡薄。事實上，在這種友情之下，朋友之間甚至不需要有共同的興趣。康德的友情也不具利益導向，康德主張一個人最好獨自面對負擔，而不應與朋友一起承受。[15]如果讓朋友一起承受負擔，那友情就有遭到破壞的危險，也會讓親密的友情淪落爲需求的友情。儘管如此，朋友之間仍應在有需要的時候隨時伸出援手。[16]

對康德來說，友情可以解決因爲「非社會的社會性」而導致的孤獨。在《實用人類學》（*Anthropology from a Pragmatic Point of View*, 1798）中，康德表示，與其說人類是社會的動物，不如說人類是「逃避群居的獨處動物」更爲合理。[17]但與此同時，人類也必須服從「成爲公民社會或其他社群成員的必要性」。[18]康德提出了一個重點，那就是人類具有一種二元性，一方面受到他人吸引，另一方面又希望獨處：

> 我認為，在這種狀況下，人類非社會的社會性造成的對立，指的是人類在傾向於共同組成社會的同時，卻又持續抗拒社會，不斷地想瓦解社會。這種傾向顯然根植於人性。人類傾向於生活在社會裡，因為只有在這個狀況下他才覺得自己比較像個人，亦即，他覺得在社會裡才能發展自己的自然能力。但人類也有一種想過個人生活與獨自一人的強大傾向，因為人類的自我具有一種非社會的特質，希望一切事物都能依照自己的想法來進行。人類因此可以預期自己會受到來自周遭的抗拒，正如他知道自己也傾向於抗拒他人。[19]

康德指出，我們必須讓他人感受到我們的存在、顯示我們的價值、獲得他人的認可。[20]一個人就算有「非社會的社會性」，也會想讓他人了解自己，甚至讓他人知道自己內心的想法與感受。[21]在社會裡，人們也會想向他人透露自己內心的想法，但這麼做勢必會帶來風險，因此人們只會試著跟一個人或特別挑選的幾個人建立友情。[22]康德曾在課堂上表示，人沒有朋友，將完全陷入孤立。[23]

如果我們閱讀蒙田（Michel de Montaigne）的作品，會發現蒙田雖然讚揚孤獨，[24]卻更重視友情，他形容友情是「（社會）完美的極致」[25]。蒙田認爲他與艾蒂安・德・拉博埃西（Étienne de La Boétie）之間的友情是模範的友情，而且形容這段友情與一般的友情完全不同：

其他那些我們一般稱為朋友與友情的事物，不外乎人與人之間的相互認識與熟悉，這些人也許是偶然結識，也許是基於某個目的而來往，但實際上這些人的靈魂根本少有交流。我認為真正的友情必須做到人與人之間水乳交融，兩個人合而為一，不再是初見面時的分離個體。[26]

蒙田對於自己與拉博埃西之間友情的描述，非常近似柏拉圖（Plato）《會飲篇》（*Symposium*）中阿里斯托芬（Aristophanes）對愛的看法。阿里斯托芬認爲，所謂的愛指的是兩個靈魂被創造出來之後，相遇並且結合成一個完美的整體。蒙田提到他與拉博埃西「在相遇之前花了很長的時間尋尋覓覓」，他們彼此之間有著「多麼熱切的情感」，以及兩人對彼此是如何的「推心置腹」。[27]蒙田與拉博埃西擁有的是一個完美的友情，因為在所有朋友身上所能找到的優點，全部集中在眼前這個人身上，所以他們沒有必要再結交其他的朋友。[28]因此，當拉博埃西去世時，不難想像蒙田遭受的打擊有多大，他寫道：「我只剩下半個自己。」[29]蒙田描述的是一種現代形式的友情，情感上的親密是這種友情的基礎——這種觀念對亞里斯多德來說是完全陌生的。然而，我們要問的是，蒙田所說的友情，難道實際上不是一種浪漫關係？

亞里斯多德的美德的友情與蒙田的理想友情，要維繫這兩種友情必須投入所有的精神與時間，不可能有餘裕再從事其他活動，例如工作或家庭。另一方面，康德的親密友情則是對朋友的投入太少。照理來說，友情除了分享私人的想法與情感，應該還包括其他事物才對。朋友之間通常會有一個或多個共同的興趣，例如運動或某種文化表現形式。也就是說，在友情結構中還存在著第三種成分，而這個成分有助於鞏固朋友之間的關係。當然一定有人會質疑這種成分會不會讓友情變得更加脆弱，因爲我們可以合理預期可能會有朋友對於運動或文化形式喪失興趣，導致友情難以持續。雖然確實會有這種情況出現，但反過來說，我們也可以認爲，第三種成分有助於創造某種持久的友情，朋友也有可能在各種生活環境變遷下繼續維持共同的興趣，使友情得以持續。

談到友情，我們也會想到一定程度的無私。[30]眞正的友情或愛，用亞里斯多德的話來說，是爲朋友著想，做對朋友好的事情，而不是從自身的立場出發。想建立眞正的朋友關係，互惠是必要的，因此朋友也必須爲你著想，做對你好的事情，而不是只從他們自身的立場出發。此外，友情也牽涉到客觀性，這與愛不太一樣。我們不難想像單戀的情況。絕大多數人應該都有這樣的經驗，你愛上某人，但對方卻不愛你。但我們卻很難想像有單方面的友情。即使對方未能回應這個愛，但一個人可以愛著另一個人，且這不代表他的愛是幻覺。然而，沒有互惠關係的友情，卻不是眞正的友情。

齊美爾認爲，現代個人化導致友情的分化。光靠結交一、兩個朋友，無法涵蓋人們各個層面的需求，於是必須結交各式各樣的朋友，以滿足各式各樣的需求與目的。[31]話雖如此，實際上卻沒有太多證據顯示今日的友情比過去更加區隔分化。在現代的婚姻與同居關係中，我們也發現伴侶關係取代了其他社會關係——一個人的人生伴侶就能涵蓋所有的社會需要。愛情比友情更要求分享認同。幾乎不會有人反對自己的朋友結交別的朋友，但幾乎不會有人接受自己的愛人愛上別人。友情要求一部分的你，但愛情要求全部的你。

關於愛情

愛情以獨立、分離的個人爲前提，並且試圖克服這種分離的狀態。在柏拉圖的《會飲篇》中，阿里斯托芬表示，人類原本是由兩性構成的存在，每個人都由男女組成，有兩張臉、四條手臂與四條腿。[32]然而，這樣的人類過於強大，對諸神構成威脅，因此宙斯決定將人剖成兩半。

人被剖成兩半之後，每個人都渴望尋求另一半，當他們與另一半相遇時，會相互擁抱彼此交纏，希望兩人能合而為一。但兩個人為了緊緊抱住彼此，而無法做別的事，也無法飲食，於是他們開始死去，而一旦兩個人當中有一人死去，剩下的那個人又會試圖尋找另一個人，然後再度緊緊交纏……[33]

阿里斯托芬認爲，這種原初的理想狀態，也就是兩個人緊緊結合成一體，正是我們所有人追求的，只有當我們成功找到另一半時，我們才能眞正感到快樂。然而，阿里斯托芬也了解這個理想遙不可及，因此他主張，我們必須追尋「最接近理想的選擇」，並努力「找到本性與我們最相合的對象」。[34]阿里斯托芬立論的基礎在於人性是不完整的。我們必須與他人建立關係，因爲光憑我們自己是不足的。儘管兩張臉、四條手臂與四條腿的形象十分荒謬，但我們可以直覺地掌握阿里斯托芬的重點：當你愛著某人並被某人所愛，你會感到「完整」，彷彿你與你的愛人構成一個完整的整體。人們相信愛情可以克服每個人內心感受的孤獨。愛情超越了所有情感，給予我們歸屬感，這種感受超越我們以往曾經感受過的一切情感。愛情讓人陶醉，但這種陶醉能讓人們眞實感受到「意義」，其他形式的陶醉所提供的意義，都無法取代愛情賦予的意義。

阿里斯托芬的主張有一個重要特徵，那就是在這個世界上存在著某個與我們最匹配的人，如果我們可以成功找到這個人，我們所有的問題都將迎刃而解：你將發現這個人可以充實你的生命，給予你缺乏的生命意義。阿里斯托芬描繪的圖像的問題在於，他對另一半與整個愛情關係加諸了令人難以承受的負擔。期待另一個人可以讓你「完整」，與你組成一個完美的整體，等於是讓那個人陷入無望的境地。因爲那個人無論怎麼做，最後都必定「失敗」。事實上，他人與我們是分離的個體，他人就是「他人」，即使爲愛陶醉的人自我矇騙，也無法改變這個現實。他人沒有責任確保你的生命能獲得不可或缺的意義。阿里斯托芬的觀念還有一個重大問題，那就是他讓愛情變得遙不可及，因爲你永遠不可能找到一個人可以在各方面跟你搭配得天衣無縫。

你到臨終之時，也許可以這麼告訴自己：「我有能力愛人，但我只是找不到對的人」，因爲你要求對方必須完全符合你內心的理想形象，而且洋洋灑灑列出一大串「要求清單」，規定對方每一項都不能違背，你因此在現實生活中怎麼樣都遇不到一個能符合你的標準的人。然而，如果你這輩子都找不到一個人去愛——不是因爲你遭到排斥、孤立或拒絕，而是因爲你找不到一個能符合你標準的人——那比較可能的原因是因爲實際上你根本沒有愛人的能力，因爲你內心抱持的愛的概念使你無法眞正地愛人。

在浪漫主義出現之前，阿里斯托芬的觀念成爲人們心目中浪漫愛情的具體形象。我們可以在阿伯拉（Abélard）與哀綠綺思（Héloïse）* 來往的書信中——特別是哀綠綺思寫的信——再次看到這種愛情形式，這些書信是阿伯拉被哀綠綺思的親人閹割後寫的，哀綠綺思之後成爲一名修女，在修道院中度過餘生。閱讀哀綠綺思的信，人們不禁驚訝於她對這段愛情投入的心力，她的腦海已經完全縈繞著阿伯拉，就連上帝也被拋諸腦後。[35] 在這段浪漫愛情裡，心愛的人取代了神的位置。人們可能會問，如果哀綠綺思的親人沒有阻止這一切，如果這對戀人實際上攜手過完了一生，他們是否還能維持一樣的濃情蜜意？而阿伯拉是否還能日復一日地維持聖潔的生活？

歌德（Johann Wolfgang von Goethe）筆下的維特（Werther）宣揚的愛情觀，有著更強大的情感驅力。在作品的引言中，維特提到他在自己的自由與獨處中得到快樂。[36]他在自己的內在找到自己的世界。[37]然後他遇見了夏綠蒂（Charlotte），並瘋狂地愛上她。他每分每秒都想著要跟她在一起，她的一舉一動都讓他心醉神迷。維特不知道夏綠蒂是否愛他，爲此他陷入可怕的懷疑中。維特認爲只有愛情才能讓他的存在具有眞實意義，而這也使他的懷疑更加難以忍受。可想而知，他對夏綠蒂的愛從一開始就注定不會有任何結果。無論維特對夏綠蒂有多麼傾心，他始終無法走出自己的內心。他在藝術與愛情上都欠缺表達能力，但直到他說「我的心是我的而且只屬於我一個人」時，他才明白這一點。[38]他無法與他人相處愉快，因爲他總是毫不客氣地挑出對方的毛病。當然，夏綠蒂是例外，維特將她理想化，把

*編注：阿伯拉與哀綠綺思爲十二世紀法國的眞實人物，前者爲神學家和經院哲學家，後者爲巴黎大教堂教士福爾伯特的姪女。由於相差十八歲，兩人之間當時的愛情不見容於當時的社會，雙雙遁入宗教的修行之路以後，未能實現的愛情皆寄託於這些書信往返。

她奉為「神聖」。[39]維特到最後都無法明白，夏綠蒂為什麼嫁給了別人，為什麼她可以愛任何人就是不願意愛他。[40]即使深愛夏綠蒂，維特還是無法擺脫對自我的沉湎——他唯一在乎的就是他自己的主體性。我們都知道，這一切終將隨著維特自殺而結束，夏綠蒂不願跟他在一起，他的主體性也因此崩解。維特無法割捨對夏綠蒂的迷戀——實際上他是迷戀自己——整個故事的關鍵則在於維特始終無法與夏綠蒂建立關係。即使維特沒有自殺，他與夏綠蒂也不可能產生愛情或長期相處，因為夏綠蒂愛的是別人。維特與夏綠蒂的關係永遠不可能成為現實，維特的渴望也不可能忍受陳腐而乏味的日常生活。

談到著名的愛情故事，我們可以很明顯地看出，其中很少提及持續一輩子的愛情，多半只是描述首次墜入愛河時沉醉其中的感受。如果羅密歐（Romeo）與茱麗葉（Juliet）沒死，兩人還結了婚，變成中年人，那會是什麼樣的景象？兩人還有可能維持年輕時的熱情嗎？羅密歐與茱麗葉只一起過了一晚就死去，因此上述的問題就不會進入到劇作的情節之中。電影《鐵達尼號》（*Titanic*）也是如此。如果鐵達尼號沒撞上冰山，而是從南安普頓（Southampton）平安抵達紐約，出身上層階級的蘿絲與身無分文的傑克的關係是否還能繼續？或者如果，獲救的不只有蘿絲，傑克也活下來了，結果將會如何？此外，這兩個人的關係十分短暫，來不及讓他們遭遇日常生活問題，例如其中一個人可能有一些怪癖惹得另一個人不高興，又或是臭襪子亂扔，或是有人喜歡海鮮而另一個人不喜歡等等。墜入愛河是愛情的重要部分，然而它畢竟只是其中一部分。戀愛不會讓人盲目，相反地，海德格認為，愛情可以讓我們看到墜入愛河之前看不到的事物。[41]然而，我們也可以說，戀愛是相當片面而狹隘的，因為戀愛的人只會注意與關心他們喜歡的人的少數幾個面向。愛情本身會持續發展，而在這段過程中，我們對另一半的看法會逐漸出現變化且變得複雜。最著名的愛情故事都只局限於愛情的一小段，可能是戀情剛開始的時候，也可能是戀情正要開始或即將開始之前。儘管如此，墜入愛河卻能成為觀看愛情本質的浪漫視角。這些故事也許可以提供愛情如何開始的清楚圖像，卻無法說明愛情如何展開。

憤世嫉俗與懷疑

愛情極端理想化的反面是憤世嫉俗，具體的例子是《廣告狂人》（*Mad Men*）第一集唐・德雷柏（Don Draper）對一個正在熱戀的人說的話：「你所謂的愛情其實是像我這種賣尼龍襪的人編出來的。你出生時是一個人，你死的時候也是一個人，這個世界只是用一堆規則套在你身上，好讓你忘了這些事實。」這種憤世嫉俗也充分表現在寵物店男孩（Pet shop Boys）的流行歌曲〈愛情是資產階級的產物〉（*Love is a Bourgeois Construct*）中：

當妳離開時，妳幫了我一個大忙
妳讓我認清現實
愛情是資產階級的產物
這是個明擺的謬誤
妳不會再看到我手裡拿著一束玫瑰

妳不會再聽到我發誓永遠忠實
因為愛情對我來說一文不值

然而，這首歌裡的憤世嫉俗者不是眞正的憤世嫉俗者。他只是用這套說詞來說服自己，想讓自己克服愛人離去的絕望。如果愛情只是一種幻覺，或應該說是資產階級的產物，那他的失落就不會這麼令人難受。然而，他也在歌裡坦承，他會一直維持這樣的想法「直到妳回到我身邊為止」。

眞正憤世嫉俗的人認爲這樣的愛情是不存在的，只是用來滿足某種目的的幻覺。懷疑愛情的人不一定認爲愛情不存在，他們只是對愛情充滿懷疑。愛情的懷疑論者無法說服自己去相信自己能夠眞的被愛。[42]他們也懷疑人們能夠眞的彼此相愛，因爲兩個靈魂不可能眞的相遇。從德萊頓（John Dryden）翻譯盧克萊修（Titus Lucretius Carus）的作品中，我們可以發現：

他們緊抓著，緊緊擁抱著，他們濕潤的舌頭

交纏著
每個人都努力要通往對方的內心：
但一切只是徒勞，他們只能在岸邊徘徊；
因為肉體無法穿透肉體，肉體也無法在肉體中迷失；
……
他們嘗試了所有方法，最後只證明，
逡巡不前的愛情，不可名狀的痛苦，終究難以撫平。

葉慈（W. B. Yeats）表示，這些詩句對性做出了最佳的描述，並且認爲「性交的悲劇就在於永遠無法碰觸到靈魂的深處」。[43]

每個人都有這種類似的懷疑經驗，無論是你懷疑別人還是別人懷疑你。懷疑不一定指懷疑某人遭到背叛或他人做出不忠的事，懷疑也可以指即使他人的意圖完全是正面的，你卻仍懷疑眞愛是否存在。如詹姆斯・喬伊斯（James Joyce）的短篇小說〈死者〉（*The Dead*）的主角蓋伯瑞（Gabriel），他的妻子格瑞塔（Gretta）因爲想到一首歌而激動落淚。蓋伯瑞問妻子爲什麼哭，她說她在認識蓋伯瑞之前曾經愛過一個男孩，這個男孩曾經唱過這首歌。男孩在十七歲就死了，而且是爲她而死。蓋伯瑞感到十分吃驚：「當他腦子裡滿是兩人共同的生活記憶，充滿了溫柔、歡愉與欲望時，他的妻子卻在心裡拿他與其他人做比較。」[44]蓋伯瑞原本以爲自己是妻子的唯一，現在他覺得抱持這種想法的自己簡直是個白癡，他因此深受打擊。蓋伯瑞質問格瑞塔是否眞的愛過他，是否只是爲了責任才繼續跟他在一起；他懷疑妻子心裡一直惦記著那個死去的男孩，因爲那個男孩才是她的眞愛。這種認爲某人必定是另一個人的一切，兩個人可以結合成完美的整體的觀念，使得愛情無法存在。畢竟，兩個人在相遇之前各有自己的人生，要抹除過去的經驗，讓兩個人的人生完美地結合在一起是不可能的。你無法充分參與另一半過去的思想與情感，你唯一能做的就是接受這些事實。

夏爾・波特萊爾（Charles Baudelaire）與阿格納・米克勒（Agnar Mykle）提供了許多合而爲一的觀念崩潰的例子。波特萊爾在散文詩〈窮人的眼睛〉（*The Eyes of the Poor*）中提到這個主題。敘事者與一名女子坐在咖啡廳裡，「深信彼此有著共同的想法，兩人的靈魂可以合而爲一」。在咖啡廳外的街上，有一名四十幾歲的貧窮男子站在他們面前，身旁還跟著兩個小孩。敘事者被他們的目光所吸引，只見他們流露出開心與羨慕的眼神，對比於這個貧窮家庭的處境，他對於自己的富裕感到慚愧。當他回頭看著女子，期望自己的想法能在她身上得到共鳴時，女子卻叫道：「這些人眞令人無法忍受，他們的眼睛寬得跟穀倉門一樣！你能不能叫服務生趕他們走？」敘事者的結論是，我們永遠不可能了解他人內心的想法。[45]在阿格納・米克勒（Agnar Mykle）的短篇小說〈星星〉（*Stjernene*）中，男子正準備殺死幾隻小貓，他的內心感到無比煎熬。然而，最讓他感到渾身不舒服的卻是他的妻子表現出鎮靜甚至蠻不在乎的樣子：

他看著妻子，內心感到十分震驚。他的胃也因為驚恐而變得緊繃。女人到底是什麼樣的生物？他的妻子又是什麼樣的生物？這些年來，有十二年了，他一直認為他的妻子是世界上最溫柔體貼的人，然而現在她卻跟屠夫一樣毫無同情心！[46]

從這個角度來看，〈星星〉其實接續了米克勒另一部小說《紅寶石之歌》（*The Song of the Red Ruby*）的主題，後者的主角艾斯克・布爾勒福（Ask Burlefot）也得出類似的結論：「愛情是一件孤獨的事物。」當你察覺到原本你以爲與你想法相同的人其實不是你想像的那個樣子時，你會突然間陷入孤獨。兩人形成的整體一旦出現裂縫，你會發現自己與對方其實隔著一道深不見底的鴻溝。

此外，在列夫・托爾斯泰（Leo Tolstoy）的短篇小說〈家庭幸福〉（*Family Happiness*, 1859）中，我們看到一名中年男子謝爾蓋（Sergey）與一名年輕女性瑪莎（Masha）的故事，這則故事是以瑪莎的觀點寫成。瑪莎逐漸愛上謝爾蓋，她覺得兩個人在各方面都能完美搭配，彷彿就像同一個人。在度蜜月的時候，瑪莎描述兩人一起用餐時充滿笑聲與信心的樣子，然而短短兩個月後，她便發現這段關係讓她感到孤獨，因爲在謝爾蓋心中似乎有一塊連她也無法進入的區域。[47] 瑪莎也開始感到沉悶無聊，她說，日常生活的愛情完全比不上剛墜入愛河時的歡欣喜悅。爲了不讓自己厭煩，瑪莎投身上流社會，但茶會與晚宴依然讓她感到厭煩。兩人對彼此的不滿逐漸升溫，最後他們決定各過各的生活，儘管兩人仍繼續生活在同一個屋簷下。夫妻倆雖然生了兩個小孩，卻還是無法拉近彼此的距離。

當兩人到瑪莎小時候居住的地方，也就是兩人首次墜入愛河之處旅行時，事情出現了轉機，瑪莎開始回想這整個過程究竟出了什麼差錯。她認爲兩人之間的愛情已經死了，而兩人對此都有責任。當瑪莎把自己的想法告訴謝爾蓋時，謝爾蓋卻覺得，過去的愛原本就應該消逝，這樣才能讓新的愛產生，他們兩人什麼都沒做錯，因爲就某種意義來說，這一切原本就不可避免。正是這樣的體會，使兩人重新在一起，並產生新的愛苗，然而，這個新愛情已經與首次墜入愛河大不相同。雖然托爾斯泰的短篇小說並未成爲每個關係的典範，畢竟，對當時的讀者來說，這部小說的結局呈現的愛情實在過於冷靜而「成熟」，但它確實爲每段關係提供了有用的洞見。與《羅密歐與茱麗葉》及其他類似的故事一樣，這部短篇小說生動描述了墜入愛河的樣貌。但由於瑪莎與謝爾蓋的關係逐漸變得現實而且不像羅密歐與茱麗葉那樣只相處一晚，因此這部短篇小說依然忠實反映了愛情眞實的一面而不只是一種理想化的描述。爲了延續愛情，必須隨著時間推移而建立新的基礎。

愛情、友情與認同

當你墜入愛河時，你覺得自己與對方構成一個完整的整體，但你其實並不完全了解與你一同構成整體的那個人，而對方也不完全了解你。隨著關係的發展，你會發現對方與你原先所想的不太一樣，而對方也對你有同感。當然，兩個人還會有一些特質是起初認識時尚未發現的，這些特質也許會意外成為兩人的新共通點，讓彼此變得更加情投意合。然而，如果這些特質反而凸顯出兩人的格格不入，無法實現柏拉圖提到的完美結合，那就不免讓人更加痛苦。不過，柏拉圖的完美結合是個虛構的整體。真實的愛情是一種共存，雖然兩人的確共同結合成一個整體，但不表示這個整體是天衣無縫水乳交融，相反地，這個整體應該是一個能容許個體差異的整體。事實上，每個關係必然存在著痛苦與失望，如果想要讓愛情繼續，就必須克服這些痛苦與失望。但問題在於，愛情中面臨的困難是否該視為愛情已經消褪的徵兆，抑或視為可以進一步加深愛情的基礎。在愛情中合而為一，這種想法只會讓兩個人更加孤獨。當戀情營造的兩人合而為一的假象逐漸出現裂痕或因爲現實而無以爲繼時，你當然可以選擇結束這段關係，另尋新的戀情，然而新的戀情又會退燒，你又會繼續尋求新的戀情，如此不斷地周而復始。在這樣的循環中，沒有人眞正了解你，你也從未眞正了解過任何人。一個比較不會造成孤獨的選擇是，不要堅持柏拉圖式的完美結合，並容許其他的可能。儘管其他的可能或許仍會讓人感到孤獨，但至少可以讓孤獨的兩人有機會重新修復關係。

我們已經知道友情與愛情對人生的重要性，兩者都能克服持續威脅我們的孤獨感，但我們仍須牢記，無論是友情還是愛情都不可能完美地實現。社會完美主義無法提供友情與愛情，因爲社會完美主義抱持著理想的友情與愛情概念，不容許分毫的偏差，在社會完美主義之下，友情與愛情的關係變得十分脆弱。然而，我們前面已經提過，孤獨的人要比不孤獨的人更容易出現社會完美主義。孤獨的人認爲沒有人愛他們，也沒有人願意跟他們交朋友，然而眞正的問題或許在於，孤獨的人對友情與愛情提出了不可能滿足的要求，因此他們無法愛人或與人爲友。

每個人的人生都需要友情與愛情。我們需要在乎他人，也需要他人在乎自己。在乎他人可以賦予這個世界意義。透過在乎他人，我們可以找到自己身而爲人的意義。[48]我們「就是」我們在乎的事物。如果我們什麼都不在乎，那我們就什麼都不是。如果我們只在乎自己，我們就會陷入無窮而空虛的迴圈之中。我們需要被需要。我們認可他人，因爲我們需要他人的認可。

我們的自我認同並非根植於自我，我們的自我認同與他人並非毫無關係，相反地，我們的自我認同就建立在我們與他人的依附關係上。正因如此，一旦我們無法與他人建立依附關係時，就會對自我認同造成極大的傷害。少了與他人的依附關係，我們的自我將退化成較差的版本，因爲我們的自我的核心將持續處於休眠狀態。總而言之，針對我們爲什麼應該與他人交朋友以及與他人建立愛情關係的問題，唯一的答案就是，交朋友與建立愛情關係可以讓我們的自我更好；而不交朋友與不建立愛情關係則會讓我們的自我更糟。因此，我們可以說，自我本位的動機總能帶來友情與愛情，但與此同時，我們也必須認識到，我們的自我「最好的」一部分就在於我們願意全力無私地爲他人著想。友情與愛情存在的前提，就在於我們擁有一個願意分享的自我認同。要回答我是誰這個問題，很大一部分是由「我是某人的朋友」以及「我與某人建立愛情關係」而決定的。當我思考自我時，我的「自我」其實也包含了「我們」。這表示愛情與友情可以引領我們走向與個別性不同的道路。

卡爾・雅斯佩斯（Karl Jaspers）的哲學核心是孤獨。他寫道，「成為『我』意謂著獨自一人。」[49]當人說出「我」這個字時，他就與他人建立了距離感，並在自己的周圍劃出一個圓圈。正因爲有我，所以才有孤獨。只有當個人存在時，孤獨才有可能存在。然而，只要有個人存在的地方，就會有追尋個別性的欲望（以及隨之而來對獨自一人的追求）與個別性帶來的苦惱（以及隨之而來對脫離孤獨的渴求）。[50]人類的內心總是存在著矛盾，一方面想離群索居尋求平靜；另一方面又想與他人分享深刻的歸屬感。雅斯佩斯認爲，孤獨與人能區別彼我的「意識」密不可分，而這種自我意識又與人的溝通能力密不可分。人因爲感受到孤獨而意識到自己與他人的區別，唯有具有自我意識的人才具有溝通能力，相反地，不具有溝通能力的人則無法感受到孤獨，或甚至沒有自我意識。[51]因此，每個人都必須面臨一個難題，那就是要透過溝通來克服孤獨，卻又要不失去自我。也就是說，人類的溝通帶有一種特徵：「想讓孤獨的人共同組成社群，但這樣的努力往往是白忙一場」。[52]對雅斯佩斯來說，只有一種眞實的經驗能讓個別性與歸屬感共存，那就是兩個地位平等且在相同層次進行溝通的伴侶所建立的愛情關係。不過，雅斯佩斯也發現，這樣的愛情極爲罕見——與其說是現實，不如說是一種理想。

如果雅斯佩斯眞的認爲愛情可以治癒孤獨，那應該沒有人會反對這樣的愛情其實帶有濃厚的理想性格，在現實世界恐怕很難找到這樣的愛情。不過，這個世界還有另一種愛情，這種愛情並不罕見，而且雖然身處其中的人偶爾還是會感到孤獨，但大體來說多少能排遣孤獨。儘管如此，這種愛情無法給予人們保證。即使你跟他人在一起時有著強烈的歸屬感，即使這種歸屬感使你相信你對這個人的感覺不可能出現任何變化，但愛情的關係實際上總是持續變動，因爲身處於愛情中的人不可能永久不變。此外，即使你對他人有著非常強烈的歸屬感，你們之間依然存在著距離，你依然會明顯感到孤獨。

許多小說把愛情的本質理想化，使人誤入歧途，而無論憤世嫉俗者或懷疑論者怎麼說，愛情都與他們所想的相反，愛情其實是最現實的事物。如果你營造出一個沒有人可以實現的愛情理想，那你最終得到的就是一個無法滿足的愛情需求。

你只會讓自己陷入孤獨。某方面來說，唐・德雷柏與其他憤世嫉俗者是對的：我們這一生都將被歸類爲某種類型的孤獨，但我們還會遇到其他類型的孤獨——因此，我們將不再如此孤獨。用里爾克的話來說：「兩個獨處之人可以相互扶持、倚靠與欣賞，從中還是有可能建立愛情」。[53]

6

個人主義與孤獨

過去幾十年來，社群的衰弱以一種沉默而掩人耳目的方式進行著。直到我們的私人生活出現令人緊張的裂痕，我們的公眾生活開始走下坡，我們才發覺這個過程產生的影響，而最嚴重的是，這件事讓我們聯想到在家裡拼拼圖時常說的話：「這張圖少了什麼東西？」一些事物在不知不覺中消失，使得社會資本明顯下降，包括鄰里的聚會與朋友的相處、不假思索地善待陌生人、共同努力推動有益公眾的事而非獨自追求自身的利益。

——羅伯特・D・普特南（Robert D. Putnam），《獨自打保齡球：美國社群的崩潰與復興》（*Bowling Alone: The Collapse and Revival of American Community*）

羅伯特・D・普特南在二〇〇〇年的這段話描述了當代社會的景象，或多或少成了新社會科學的標準敘事：我們的社群遭受嚴重的破壞，個人主義大獲全勝，將我們轉變成孤獨的享樂主義者與利己主義者。這種說法正確嗎？現代與近現代的個人眞的特別孤獨嗎？

什麼是自由的個人？

自由的個人並非在特定的時間與地點出現，相反地，自由的個人已經存在好幾個世紀，而且至今仍在發展中。然而，自由的個人近來卻有了新的進展，它正史無前例地成爲社會再製（social reproduction）的基本單位。[1]當然，不是所有人都生活在自由民主國家——全世界只有大約一半的人口生活在自由民主國家。而且不是每個生活在自由民主國家的人都會成爲「自由的個人」（liberal individual）。另一方面，我們也能在非自由民主國家發現自由的個人，例如中國。雖然我們可以發現確實存在著無數的反例與衝突的發展，但一般而言，自由的個人似乎正逐漸成爲社會與政治的主流。

烏爾利希・貝克（Ulrich Beck）寫道：「充分發展的現代性的基本人物是『單一的人』（single person）。」[2]你也可以把「單一的人」稱爲「個人」。自由的個人是一種歷史現實。但爲什麼我要使用「自由的」個人一詞？原因很簡單，因爲個人涉及或理所當然地擁有各種自由權利，例如表達自由、財產權、隱私權等等。這種基本思想在約翰・史都華・密爾（John Stuart Mill）的浪漫自由主義中獲得詳細闡述，密爾想像每個人的周圍都畫了一個不可侵犯的圓圈。[3]

想理解自由的個人在社會中扮演的角色，關鍵在於所謂的消極自由：世上存在著各種不同的可能，不僅包括人們想做的選擇，也包括人們不想做的選擇。[4]人們相信，如果一個人被迫去做一件他原本自己就想做的事，那麼這個人的自由就遭到侵犯。然而，消極自由是一種相當空泛的自由概念，本質上只是盡可能讓個人擁有更多的選擇。消極自由不是爲了選出一個較好的自我實現形式，而是爲自我實現建立一個盡可能廣闊的框架，消極自由唯一的限制在於，一個人的消極自由以不可以侵害他人的消極自由爲原則。此外，自由的個人追求的不是阿馬蒂亞・森

（Amartya Sen）所謂的自由的可能性面向，而是自由的過程面向。[5]個人不僅想達成各種不同的人生目標，他也想評估各種不同的選擇來加以實現。因此，個人渴望得到一個不受干涉的空間，他的選擇唯一的限制是不能侵犯他人享有同樣自由的權利。自由的個人絕非反社會，相反地，他希望能選擇社交的對象。自由的個人認爲自己是獨特的、獨立的與能夠自我決定的，而自由民主國家有著各式各樣的生活方式與可能性供自由的個人做出自主的選擇。自由的個人不僅渴望消極的自由，也渴望積極的自由，也就是自主的權利。積極的自由指根據「自身的」價值生活。積極的自由不只是不受干涉，還包括掌握與形塑自己的人生。

齊美爾區別了兩種個人主義形式：數量的（quantitative）個人主義與性質的（qualitative）個人主義。前者主要出現在十八世紀，後者則是十九世紀之後的主流。[6]這當中還有所謂的啟蒙個人主義（Enlightenment individualism）與浪漫個人主義（Romantic individualism）。數量個人主義的基本性質是獨立，齊美爾相信這種個人主義與康德有關，也就是除非是自己加諸的規範，否則個人不受任何規範的限制。齊美爾認爲康德對個人的理解有所欠缺，若依照康德的說法，那麼個人的內容將只剩下自身的理性。在這種狀況下，我們將只剩下「個別性」，而不再是「個人」。[7]數量個人主義之後出現了另一種個人概念，不僅強調個人在數量上的區隔，也重視個人在性質上的差異。我認爲，齊美爾過度誇大了啟蒙個人主義的數量面向，因爲康德的思想明顯也帶有性質面向，他曾主張每個人都應該發展自己獨特的個別性。齊美爾相信，比較極端的性質個人主義是尼采（Friedrich Nietzsche）發展出來的。[8]齊美爾不認爲性質個人主義已經取代了數量個人主義，因爲兩者仍無法合而爲一，所以仍處於相輔相成的狀態。齊美爾也認爲在現代大都會中可以看到這兩種個人主義形式共存，因爲大都會居民同時體現了這兩種個人主義。[9]城市居民擁有較多的自由空間，他們在身體與心靈上都與他人維持一定的距離，這使得他們渴望凸顯自己的獨特性，使自己與眾不同。

現代城市的個人有著極度強烈的反身性（reflexive）*。每個社會都明顯存在著

* 編注：西方哲學研究與社會學研究中，反身性（reflexive）是認識論（epistemology）領域當中的概念，大致上意指檢視自己的信念、判斷和行爲的反思。

這種反身性，但在不受傳統束縛的社會裡，這種反身性更加激進。[10]個人必須根據自己擁有的資源來創造自我認同，而非繼承既有的認同，他們因此必須不斷地檢視、維持與修正自己。

自由的個人必須是個「特別」的人。個人主義表面上賦予了個人新的責任，督促他們自己「造就」自己。如尼采所言：「你必須成為自己。」[11]你不僅要成為一個個體，你最好還必須成為一個能形塑自己的自我。然而，要做到這點顯然是不可能的。嚴格來說，這個世界上並不存在完全仰賴自己成功的人。在文學世界裡有這樣的例子，有人希望從無到有地創造自己，這個人就是杜斯妥也夫斯基筆下的地下室人。[12]地下室人相信唯有完全獨立於一切可想像的權力或力量，人才能獲得自由，然而這樣的條件絕對不可能實現。任何人都不可能不受外在的影響，完全自動自發；也不可能完全獨立於自己身處的環境來定義自己，因為每一個人在嘗試定義自己之前，早就已經受到環境的塑造。[13]自由的個人對世界與自己抱持著各種想法，他也擁有價值觀與偏好。但想法、價值觀與偏好幾乎不是自己可以決定的。自由的個人原則上可以基於自己的想法、價值觀與偏好來調整所有的事物，但他無法選擇自己的想法、價值觀與偏好。自我的轉變必須源自於既有的事物。自由的個人並不像自己所想的那樣不受束縛。

喬治・赫伯特・米德（George Herbert Mead）與一些學者指出，我們是透過與他人的自我互動而創造出我們自己的自我，因此原則上我們沒有辦法對自己的自我與他人的自我做出清楚的區別。[14]自我是一種可以跳脫自身立場的能力，讓我們可以站在他人的角度觀看自己。從這點來看，自我是一種「社會」產物。我們教導自己站在他人的角度觀看自己；我們透過與他人自我的互動來轉變我們的自我。而我們的自我在與他人連結的過程中，又維持著一定程度的獨立性。

自由的個人並不像自己所想的那麼自主，在社會上無拘無束，可以做到完全自動自發。但另一方面，自由的個人也不會一聲不響地融入社會之中，完全沒留下一點痕跡。自由的個人顯然無法脫離社會，但社會的歸屬感也無法解答自由的個人的疑問：我該如何生活？社群主義（communitarianism）* 哲學家如麥可・桑德爾

＊編注：提倡民主卻與個人主義、自由主義對立的政治哲學，強調個人與群體之間的聯繫。

（Michael Sandel）也接受這個現實，他寫道：「身為自我詮釋的生物，我可以回顧自己的過去，並且藉此疏遠自己的過去。」[15] 自由的個人必須省思自己的過去，才能搞清楚自我是不是所有規範問題的最終裁決者。在與他人的關係上，自由的個人陷入了兩難，一方面想獲得無限的自由，另一方面又想獲得眞正的歸屬感。[16] 顯然，自由的個人無法兩者兼得，當他們把自由等同於獨立或毫無限制之時，更會讓他們進退維谷。然而接下來我們將看到，在現實中，自由的個人似乎有能力結合自由與歸屬感。迄今爲止，自由的個人多半被當成是一種抽象概念。接下來讓我們看看自由的個人要如何在現實世界實現自我。

獨自生活

一九四九年，人類學家喬治．彼得．默多克（George Peter Murdoch）發表了一篇研究，他在對世界不同地區的二百五十個文化進行考察後發現，核心家庭是一種普世現象，它雖然在各個文化中以不同形式出現，卻是所有文化的主流。[17]默多克的說法遭到其他一些人類學家的反對，他們認爲除了核心家庭之外，人類也以其他生活方式組織成各種類型的社會單元。然而，無論是默多克還是他的批評者都同意，無論在哪個時代或地區，人類總是想建立一套生活方式好讓自己與他人一起共同生活。當然，這些人類學家也知道確實存在著一些隱居的僧侶與獨居者，但這些人在各自所屬的文化中只能算是例外。然而，社會學家艾瑞克・克林南柏格（Eric Klinenberg）在他的作品《獨居時代》（*Going Solo*）中表示，獨居的現象已經出現巨大變化。克萊能伯格指出，根據統計數據，一九五〇年有百分之二十二的美國人單身，百分之九的家戶是獨居者。到了今日，已經有一半的美國成年人單身，獨居者占了所有家戶的百分之二十三。[18]兩名成年人組成家庭但沒有子女的家戶同樣占了百分之二十三，這個比例已經超過其他的生活組成方式，例如核心家庭或共居（shared living）。女性獨居的人數超過男性。無論男女，只要有一次獨居的經驗，就更有可能繼續獨居，其中女性的比例又高於男性。[19]三分之一的獨居者屬於六十五歲以上的年齡層，但獨居者增加最多的年齡層卻落在三十五歲以下。今日三十五歲以下獨居者的數量是一九五〇年的十倍。與此同時，我們也看到有愈來愈多的老人獨居。二〇一〇年，歐盟估計每三名老人就有一人獨居。[20]調查發現，這些老人最常見的獨居理由是他們寧可獨居也不願與子女同住或住進養老院。[21]如果我們將目光轉向北歐國家，我們會看到世界最高的比例：高達百分之四十五到五十的家戶是獨居者。然而，這不完全是西方特有的現象。我們發現獨居者人數增加最多的國家是中國、印度與巴西。[22]這種現象正以極快的速度在全球各地發生，一九九六年，全世界估計有一億五千三百萬人獨居，到了二〇〇六年，增加到了二億〇二百萬人。

約瑟夫・熊彼得（Joseph Schumpeter）在《資本主義、社會主義與民主》（*Capitalism, Socialism and Democracy*, 1943）中表示，這樣的發展必將發生。他認爲，家庭生活與父母角色在現代資本主義社會已經逐漸失去意義，愈來愈多人不願爲家庭做出犧牲：

> 這些犧牲不僅包括可以用金錢衡量的事物，也包括無法過舒適的生活、需要花

時間照顧家人、無法嘗試更多樣更具吸引力的選擇。[23]

熊彼得的預言已經成爲社會現實。

選擇獨居的人不表示他們比其他人更不喜歡社交。事實上，獨居者不一定比非獨居者孤獨。舉例來說，我們發現獨居者比非獨居者更常接觸朋友與親戚，相反地，已婚的人與朋友和親戚相處的時間反而比他們單身的時候少。[24]獨居者通常每星期會跟朋友聚會一次，他們比非獨居者更常參與社會群體，而且比與伴侶同住的人更常在夜間與朋友見面。因此，單身與獨居者不一定比非獨居者更缺少社會接觸。獨居者可能跟非獨居者一樣願意社交，只是他們選擇了不同類型的社交方式。[25]

今日的獨居者似乎比非獨居者更不需要與他人建立依附關係，他們不僅不認爲獨居的生活有什麼不好，就連孤獨盛行率也不會比非獨居者更高。[26]這個結果令人驚訝，因爲一般而言獨居者會比非獨居者更容易感到孤獨。[27]大多數人會不假思索地認爲，獨居人口的增加將會造成孤獨人口增加，然而針對孤獨進行的經驗研究卻顯示事實並非如此。即使生活方式出現劇烈轉變，孤獨的數字卻出人意料地沒有太大的變化。

獨居的原因或許要比獨居的事實更為重要。獨居者與他人的關係決定了獨居給人的感受。獨居可能是基於個人選擇，也可能是因為被社會排斥。前者的經驗是正面的，後者則是痛苦的。如果獨居的人數增加是因為有愈來愈多人選擇獨居，那麼就可以預期孤獨的人數不會因此增加。若獨居是一種自我選擇的生活方式，就可解釋孤獨率為何依然維持穩定。

深受孤獨所苦的個人？

許多當代作品，特別是較受歡迎的著作，往往給人一種印象：現代自由的個人是受苦的靈魂，飽受孤獨、疏離、焦慮與憂鬱的糾纏。《大西洋》（*The Atlantic*）一篇文章提到：「我們感到前所未有的疏離。我們從未與人如此隔閡，也從未感到如此孤獨。」[28] 討論現代人變得愈來愈孤立與孤獨的書籍不在少數，而這些書籍也廣受閱讀。馬克斯・韋伯（Max Weber）認爲個人受到廣泛的內在孤立，並主張這與新教的興起有關。[29]齊美爾特別強調大城市生活使個人陷入孤獨。戰後的社會研究把孤獨當成現代生活的「標準診斷」，把個人主義視爲一切邪惡的元凶。大衛・理斯曼、內森・格萊澤與留埃爾・丹尼合著的《孤獨的人群》非常具有影響力，而在此之後又出現不少類似作品，如萬斯・帕卡德（Vance Packard）的《陌生人的國度》（*A Nation of Strangers*, 1972）與克里斯多夫・拉許（Christopher Lasch）的《自戀主義文化》（*The Culture of Narcissism*, 1979）。一九九五年，羅伯特・普特南發表了〈獨自打保齡球〉一文，五年後，他用同樣的標題寫成一本書。二〇〇九年，賈桂琳・歐茲（Jacqueline Olds）與理查德・S・史瓦茲（Richard S. Schwartz）出版了《孤獨的美國人》（*The Lonely American*），二〇一一年，雪莉・特克（Sherry Turkle）發表了《在一起孤獨》（*Alone Together*）。這些作品的影響力不僅限於學術圈，也遍及普羅大眾，儘管這些作品的研究資料主要取材自美國，但一般認爲已足以解釋整個西方世界的現象。

針對孤獨進行的社會研究，往往認爲孤獨主要是由現代個人主義造成的。這個觀點實際上可以追溯到一八三〇年代托克維爾對美國民主的看法。[30]法蘭西斯・福山哀嘆當代社會的可悲，他的想法也呼應了托克維爾：

個人主義文化帶來的第二個問題是，它最終會造成社群的衰微。一群人偶然間的互動無法構成社群；真正的社群必須由成員間彼此共享的價值、規範與經驗來維繫。共同價值愈是深刻鞏固，社群感就愈強。然而，在許多人眼中，個人自由與社群之間的取捨卻不是那麼明顯或必然。當人們從傳統的夫妻、家庭、鄰里、工作與教會的親密關係中解放時，他們仍希望保留一定的社會連結。然而他們察覺到一旦自己可以任意地進入或放棄自己選擇的關係時，孤獨與茫然便油然而生，他們因此渴望建立更深刻而長久的關係。[31]

在這方面，近年來獲得最多關注的社會研究學者首推普特南，他認為保齡球聯賽的衰微反映出社會網路的普遍衰退，連帶也造成社會資本下降。普特南表示，雖然美國人仍持續加入組織，彼此的連繫也超過以往，但他認為這當中基本缺乏

「與眞實的人的眞實連結」。[32]普特南的論點雖遭到許多人反對，但他的作品卻獲得較多關注。[33]普特南提到的保齡球組織，雖然組織成員確實大量減少，但保齡球以外的組織成員卻呈現大量增加的趨勢。事實上，美國的組織成員人數始終維持穩定。普特南研究的保齡球組織雖然出現成員減少的現象，但這個結果無法證明社群的衰弱，充其量只能說明保齡球組織已經過時，並被其他的組織取代。絕大多數比較近期的研究顯示，美國社會資本幾乎沒什麼變化，少數研究認爲好壞參半，有些甚至認爲美國的社會資本出現增長。[34]只有普特南認爲美國的社會資本下跌，而他也根據自己的發現提出悲觀的看法：「我們的公眾生活持續衰退」，「削弱了社會資本」，民眾「只顧自己，尋求私人的利益」。[35]

從現實來看，我們沒有理由接受普特南的結論。克勞德・S・費雪（Claude S. Fischer）曾做過詳細調查，顯示美國在一九七〇年以後，人際關係的數量與品質都沒有出現變化。[36]當然這段時間出現了其他轉變，例如愈來愈多人選擇獨居、晚婚、親戚數量也愈來愈少等等，但本質上人們的社交積極度還是跟過去一樣。宣稱自己受到社交孤立的人數實際上沒什麼變化。不過，費雪確實提到了一項重大轉變：即使美國人參與的組織數量沒什麼變化，他們的參與度卻大不如前。[37]即使成爲組織成員，美國人的組織向心力也不像過去那麼強。

一篇被廣泛引用的文章提到，從一九八五年到二〇〇四年，找不到人可以商量重要事情的美國人數量增加爲原來的三倍，並占了總人口的四分之一。[38]這項研究立即在大眾媒體引起廣泛討論，而文章提出的數據也被其他許多研究引用。然而，人們在引用這篇文章時卻很少提到作者群對於數據其實有所保留，他們對發現的結果感到不確定，且認爲這些與社會孤立規模有關的數據有可能被高估了。費雪強調這項研究的內容與同領域其他研究成果有很大的衝突，並認爲這項研究在方法論上有明顯的弱點。人們不應只看到社會網路出現相關變化就做出結論。[39]

此外，我們也沒有理由相信個人主義的盛行必然會提高孤獨的程度。雖然有些研究確實顯示個人主義社會的孤獨程度比集體社會來得高，[40]但絕大多數研究卻得出完全相反的結果：集體主義社會的孤獨盛行率普遍比個人主義社會來得高。[41]南歐國家如義大利、希臘與葡萄牙有較高的孤獨盛行率。東歐國家的孤獨程度也比西歐來得高。[42]日本是極端集體主義國家，但孤獨程度卻在世界上數一數二。在集體主義社會，家庭關係的淡薄要比在個人主義社會中更容易造成孤獨，另一方面，相較於集體主義社會，個人主義社會則更重視朋友關係。[43]此外，針對三十一個國家一萬三千名學生進行的研究顯示，關於家庭關係的滿意程度的數據，在集體主義社會當中並沒有比個人主義社會來得高。[44]雖然許多人認為現代個人主義使人更孤獨，然而並沒有任何經驗證據支持這個論點。

自由的個人似乎也能過得很好。多數的情況裡，自由的個人不僅不缺乏社會網路，且還期望同時獲得完全的自由與歸屬感，儘管要同時擁有這兩者是不可能的。人們總是傾向於相信自由的個人有著淺薄的人際關係，甚至於缺乏責任感，人們也預期自由的個人就算社交上不感到孤獨，但至少情感上很容易受到傷害，然而這種自由的個人容易情感孤獨的想法幾乎找不到任何證據支持。從社交孤獨的角度來看，自由的個人無疑是社會的動物，而與此同時他們也想選擇社交的對象。自由的個人顯然帶有自戀的傾向，儘管如此，他們仍懂得關心他人。[45]整體來說，自由的個人有許多內在矛盾，但他們似乎總是能克服這些矛盾。

孤獨與社群媒體

許多書籍與文章警告我們使用社群媒體可能帶來嚴重的後果。休伯特・德雷福斯（Hubert Dreyfus）認爲，網際網路將使人陷入孤立，人與人之間的信任、責任與義務將遭到破壞。[46]雪莉・特克提到社群媒體將使我們「在一起孤獨」。[47]還有一些最駭人聽聞的說法使人產生一種印象：我們好像以撒・艾西莫夫（Isaac Asimov）科幻小說《裸陽》（*The Naked Sun*, 1957）裡的星球索拉利亞（Solaria）上的居民。在索拉利亞，人們都是獨自生活，頂多與配偶在一起，他們從出生就被灌輸避免與他人接觸的觀念，他們把這種接觸稱爲「注視」（seeing），並傾向於透過虛擬實境的方式與人溝通，他們把這種溝通稱爲「觀看」（viewing）。

早期對網際網路的研究預測，網際網路的廣泛使用將造成嚴重的反效果，而且將造成更多的孤獨。[48]然而，多年後，同樣一批研究者進行追蹤研究，發現絕大多數預測的反效果都沒有實現。[49]相反地，他們發現網際網路的普遍使用反而與主觀福祉與社會互動的提高具有相關性。這項發現也被其他研究證實。[50]關於網際網路運用的經驗研究顯示，人們使用網際網路主要是用來維持與朋友和家人的接觸，而他們實際上也會與朋友和家人見面，網際網路也拓展了他們的社會網路。[51]積極使用社群媒體的人在網際網路以外的社交上也較為積極，他們有較廣泛的社會網路，也參與較多的志工組織。[52]社群媒體似乎讓我們參與「更多」、而非「更少」社交活動。一般來說，今日的我們與朋友和家人的接觸要比過去來得多。

一項為期三年、針對挪威青少年與成年人進行的研究顯示，相較於不使用社群媒體的人，使用社群媒體的人會認識更多人，而且與認識的人更常實際面對面接觸。[53]這也證實了其他研究的發現，社群媒體不會取代其他的社交形式。與此同時，社群媒體的使用者卻表示，他們比不使用社群媒體的人更感到孤獨。這顯然是社群媒體大肆宣揚孤獨的結果，因為事實上，社群媒體的使用者普遍社交活動較多，比較合理的解釋是，社群媒體的使用者對社交有較高需求，因此他們更不容易滿足這些社交需求。此外，孤獨的人也比不孤獨的人更常使用網際網路。[54]有些研究顯示，孤獨的人在使用社群媒體之後變得更加孤獨。[55]儘管如此，我們不應該因此認爲社群媒體會製造孤獨，因爲在社群媒體爆炸性增長的時期，沒有任何證據顯示孤獨的人增加了。

事實上，有些人甚至還抱怨，我們變得太社交了——我們已經無法感到孤獨，我們被迫長期生活於與他人的社交之中。[55]社會學家道爾頓・康利（Dalton Conley）進一步表示，今日的個人已經被外在的資訊塡得滿滿的，整個人達到飽和狀態。這種「飽和的個人」（intravidual）的自我完全被社會網路滲透。[57]康利的說法顯然是一種誇飾，他的重點在於，與過去相比，現在的人在社交上絕對不會比較孤立，相反地，現在的人的問題是過度社交。因此，對自由的個人來說，孤獨的問題不是孤獨過多，而是獨處的機會太少，因爲個人時時刻刻處於可以社交的狀態。

7

獨處

如果當我的妻子正在睡覺
嬰兒與凱斯林也
在睡覺
朝陽宛如燃燒著白色火焰的圓盤
周圍仍裹著一層絲狀的霧氣
照耀在樹上，發出閃爍的光輝，——
如果我在我的北側房間裡
赤裸著，可笑地
在我的鏡子前跳舞
在我的頭上揮舞著我的襯衫

輕聲地對自己唱著：

「我獨自一個人，獨自一個人。

我生來就是獨自一個人，

我這樣子最好！」

如果我讚賞自己的手臂、自己的臉、

自己的肩膀、脅腹、屁股

映襯著昏黃拉長的身影——

誰能說我不是我屋子裡的快樂精靈？

——威廉・卡洛斯・威廉斯（William Carlos Williams），〈俄羅斯舞曲〉（*Danse Russe*）

到目前爲止，本書絕大部分主要都在討論孤獨，我們總是想逃避孤獨，因爲孤獨令人痛苦；但孤獨還有另外一種形式，一種我們願意追尋的正面形式，因爲這種孤獨可以提升我們生活的價值。絕大多數對孤獨的描述都充滿哀傷，但我們也發現許多詩人與哲學家讚美孤獨。不過，他們讚美的其實不是孤獨，而是獨處。孤獨的定義比獨處來得清楚。孤獨源自於需求無法得到滿足，獨處則比孤獨更能接受各種經驗、思想與情感。孤獨必然帶有痛苦或不適的感受，但獨處不一定帶有這類情感，獨處的經驗通常是正面的，但在情感上也可以是中性的。

孤獨與獨處不一定彼此排斥，深受孤獨所苦的人自然不願意獨處。想獨處的人在情感或社交上仍有可能感到孤獨，不想獨處的人不一定是因為害怕孤獨才不願意獨處。不過，深受孤獨所苦的人確實不會特別想獨處。[1]

偶爾想要獨處似乎是人類普遍的特質，無論如何，在脫離童年之後，人類或多或少都有這種傾向。我們在第三章提到，青少年時期的孤獨盛行率特別高。儘管如此，到了這個時期，對孤獨的詮釋要比在童年時來得正面，而正是在這個時期，人類開始產生獨處的念頭。七歲的孩子幾乎不知道什麼是「獨處」，但到了十二歲，絕大多數孩子都能了解「獨處」是什麼意思。[2] 青春期初始，孩子逐漸想擁有更多獨處的時間、想尋求獨處的機會。事實上，在青春期有機會擁有獨處時間的孩子，長大成人後往往比那些沒有機會獨處的孩子更能適應社交活動。[3]

在哲學領域，關於獨處正面意義的討論，早在上古時代就已經形成明確的主題。西塞羅（Cicero）認爲，人類是一種天生想與他人組成社群的生物。[4]根據他的說法，爲了追尋眞理過著獨居的生活而拋下對社群乃至於對社會的責任，顯然是一種不道德的行爲。[5]

首先對孤獨與獨處做出系統性區別的，可能是約翰・格奧爾格・奇梅曼（Johann Georg Zimmermann）厚達一千六百頁的作品《獨處》（*Solitude*, 1784-5）。獨處與孤獨的成因各自不同，前者源自於積極的因素，後者源自於消極的因素。在各種消極的因素中，奇梅曼特別強調懶散、不願與人來往、倦怠與「疑病症」（hypochondria），其中疑病症在當時幾乎等同於憂鬱。奇梅曼也批評隱士與僧侶的「幻想」。他認爲孤獨會造成厭惡人群與精神低落，但獨處卻能讓人自由與獨立，使人能平靜地工作與獲得良好的品格，而且能提升一個人的靈魂。不過，奇梅曼也強調，獨處必須與人際的互動結合。事實上，奇梅曼試圖尋求一個中庸的立場，他希望自己的看法既不要過於偏袒獨處，也不要過於批評獨處，因爲「真正的智慧處於世界與獨處之間」。[6]不過我們必須說，奇梅曼的分析更多的是對獨處的辯護，而非鼓吹社群。他認爲，唯有獨處才能顯示一個人的「真實需要」。[7]社群則是一個用來消遣與道人長短的社會空間。[8]獨處可以帶來眞正的認可與眞正的生活，社會則只是一個虛僞不實的領域。

克里斯蒂安・加弗（Christian Garve）在他的兩冊作品《論社會與獨處》（*Über Gesellschaft und Einsamkeit*, 1799-1800）中也試圖做出平衡的描述，然而他顯然更強調社會的重要性。[9]當然，加弗也認爲獨處可以給予人們自由，使人們致力於某件事情上。[10]他表示，所有偉大的哲學家與詩人都喜歡獨處。[11]然而他也說，獨處對軟弱而平庸的人來說卻十分危險，因爲獨處會帶來憂鬱，使他們生病。因此，即使是偉大的哲學家與詩人也只能偶爾獨處。[12]對加弗來說，社會是原則，獨處則是例外。

康德認爲獨處有兩種，一種的理由不值得一提，另一種的理由則值得讚揚：

> 我們必須這麼說，一個人如果純粹基於理念，而非基於任何可見的利益，而決定「離群索居」，那麼這樣的行為是崇高的。一個人自給自足，完全不需要社會就能自己過活，但並不完全拒絕與人來往，也就是說，並非完全離群索居，那麼這樣

的人也接近崇高的境界；因為這樣的人完全不虞匱乏。另一方面，因為厭惡人群而逃避人群，或者因為害怕人群而遠離人群，這樣的行為不僅可恨，而且可鄙。現實上確實有人「厭惡人群」（這個詞彙其實很不適當），許多頭腦清楚的人到了老年經常會出現這種傾向，這些人並不是對人類不具「善意」，相反地，他們通常是慈善博愛之人，只是在長年的悲傷經驗之後，逐漸讓他們對人感到「不滿」。他們獨處的傾向也就一天比一天加深……[13]

此外，康德也提醒博學的哲學家不應該單獨吃飯，認爲這會讓他喪失活力與心靈的愉悅，他的思想將會耗盡，不僅如此，他將錯失與他人對話時所能獲得的各種智慧。如此強調哲學家應該接觸社會的觀念相當不尋常。我們將會看到，普遍的看法反而認爲獨處才是哲學家慎思明辨的先決條件。

獨處與洞察

哲學家經常強調獨處的正面之處，他們認爲獨處是適合反思的空間，可以讓人更接近眞理。[15]笛卡兒（René Descartes）認爲一個人應該到鄉間獨居，遠離城市與熟識的人，如此才能眞正投入思索。[16]他也在許多信件中提到他有多愛獨處。

亞里斯多德認爲，最好的生活是沉思的生活，而獨處可以讓人做到這點。其他所有的美德都要透過與他人合作才能達成，但智者往往更傾向於獨處，讓自己獨自進行思索。「雖然與他人一起思索可以收到集思廣益的效果，但智者的思索終究是最完整而自足的。」[17]我們可以藉由獨處來進行沉思，但獨處不是進行沉思的唯一途徑。

在中古時代，獨處一般總是在宗教文獻上出現，獨處是人們接近上帝的特殊途徑。[18]當時幾乎沒有人認爲獨處是個「問題」。也沒有人認爲獨處會讓人無法與上帝建立關係。[19]在獨處時、在遠離塵世的情感中，人在精神上如此受挫，因此重新接受上帝。

文藝復興時期，人們普遍認爲有學識的人必須追求獨處。佩脫拉克（Francesco

Petrarch）或許是第一個針對獨處寫下完整作品的人：《獨處的生活》（*De vita solitaria,* 1346-56）。[20]佩脫拉克在作品一開頭寫道，擁有智性的人都應該追求獨處，他們應該離開城市，遠離城市中的居民。獨處可以讓人擺脫他人的需索，選擇自己的生活方式。然而，獨處的人身旁必須要有書籍陪伴：「事實上，獨處時沒有書籍，便與流放、坐牢、遭受拷問無異。」[21]然而，光是獨處不一定能給予你想要的平靜，你還需要一個清晰的心靈。佩脫拉克又強調，獨處與友情是可以相容的，他寧可不獨處也不願失去朋友。

談到獨處，蒙田說道：「對我而言，結果是一樣的，獨處可以讓你活得更悠閒，更自在。」[22]他又說，無論在城市還是在球場，任何地方都可以獨處，當然最好還是能自己一個人。蒙田認爲老年人比年輕人更適合獨處，因爲一個人大半輩子都爲別人過活，到了晚年當然有資格爲自己著想。[23]與此同時，蒙田也強調獨處還需要其他條件配合，我們必須讓自己的生活過得井然有序，如此「我們才能對自己的一切感到心滿意足」。[24]此外，一個人不應把時間全花在追求榮耀或名聲上，因爲這麼做只會讓自己被外在事物牽著鼻子走。

你不再關心世人如何談論你，你只在意你如何看待自己。你要獨自面對自己，但首先你必須做好準備，才能接受自己：如果你無法做自己的主人，那麼貿然相信自己將是一件愚蠢的事。因為一個人在人群中可能犯錯，獨自一人也可能犯錯。[25]

一個人必須懂得收斂自己的情感與集中自己的思想。[26]

對拉爾夫・沃爾多・愛默生（Ralph Waldo Emerson）來說，唯有獨處才能讓人認識自己，然而光是遠離社會還不夠：一個人還要放棄閱讀與寫作，獨自一人面對星辰。[27]愛默生認爲獨處一方面不可避免，另一方面也需要積極追尋。他指出，每個人都需要他人，但我們不可能時時刻刻都與他人在一起。愛默生又說，人與人之間的互動不僅短暫，且帶有目的性。[28]因此，人最終總是回到獨處的狀態，而唯有獨處、非與他人接觸，才能爲自己開啟前方的道路。華茲渥斯（William Wordsworth）也遵循相同的思路，他提到，「忙碌匆促的世界」使我們失去「更好的自我」，因此獨處是一種祝福。[29]

阿圖爾・叔本華（Arthur Schopenhauer）認爲，人只能成爲自己，人只有在獨處的時候才能完全自由。[30]因此，年輕人必須學會忍受獨處。[31]人本質上只能與自己和諧相處，人絕對不可能與他人，甚至包括朋友或生命伴侶建立和諧關係，只要是不同的個體，彼此的關係總是會出現不協調。[32]儘管如此，我們似乎很需要與他人的依附關係。叔本華相信，本質上只有智力低的人才有這種需要，人的智力越高，越不想與他人來往。[33]不僅如此，想與他人來往的欲望並非出自人的天性，它只是人無法忍受獨處的結果。[34]害怕獨處比喜愛他人更接近我們的本性，我們必須克服這種恐懼，才能讓我們獲得幸福的人生。

尼采也有類似的看法。他的作品經常把獨處形容成「家」。此外他也經常以荒野作爲比喻，認爲只有荒野才能讓人專注在自己身上，社群生活無法做到這點。

> 當我身處於社群之中，我的一言一行都跟其他人一樣，我無法按照自己的方式思考；與社群生活一段時間之後，我的自我彷彿被社群放逐，我的靈魂似乎也被社群奪走。[35]

唯有離開社群，追求獨處，人才能發現「更崇高的自我」。尼采認為，偶爾與他人互動是一件好事，但這麼做主要是為了讓人重回獨處的懷抱。[36]尼采認為他人會妨礙獨處的人與自我對談，即使是朋友也一樣：「對獨處的人來說，朋友是第三者：他就像浮木一樣，會妨礙獨處的人與自我進行深度對談。」[37]獨處是一種「美德」，它具有「崇高的傾向，可以讓人自我純淨」，相反地，人類社會只會汙染一個人的身心。[38]然而，獨處有好的也有壞的，人們當然應該選擇「好的獨處，也就是精神昂揚、無憂無慮的獨處」。[39]儘管如此，人們仍需要學習忍受獨處。[40]而且不是每個人都能找到好的獨處方式。「獨處時，每個人或多或少會流露出內在不好的一面。因此，並不是每個人都適合獨處。」[41]無論如何，一個人最好不要太早獨處，只有在成功發展出自己的性格之後，才能獨處。[42]然而另一方面，尼采似乎又認為，人只有在獨處時才有可能發展出真正的性格。

令人驚訝的是，在海德格哲學中，獨處一直是個未發展的主題。就我所知，獨處這個說法並未出現在《存在與時間》（*Being and Time Sein und Zeit*, 1927）中，但海德格一九二九年到一九三〇年的授課內容曾短暫提到獨處的現象，而獨處也零星出現在他晚年的作品裡。儘管如此，海德格並未針對獨處做出完整而全面的討論。海德格哲學的一個主要問題是，「我」具有隱藏自己不讓自我發現的傾向，「我」會豎立起一道「自明」的高牆，阻擋自我進行探索。[43]海德格哲學的目標因此是讓自我透明，使人能夠掌握本眞的生活（authentic life）。[44]人的存有一直是「共同存有」（being-with），「與他人共同存有」（being-with others）就跟「在世存有」（being-in-the-world）一樣，兩者都是一種內在固有的性質。[45]這是獨處能夠存在的原因。如果他人尚未成爲我存在的一部分，那麼就無所謂獨處的問題，因爲獨處根本不存在。「共同存有」完全可以與「未與他人共同存有」相容，因此離群索居也能是「共同存有」。這是因爲，即使是離群索居的人也無法否認，自己身爲一個自我，也與他人的自我共同生活在這個世界之中。[46]不過，海德格也傾向於強調，獨自一人實際上是一個人最固有的狀態。我們每一個人注定會死。[47]我們的存有是朝向死亡的存有（being-until-death）。死亡是對於我們自身的否定，但死亡也是我們持續前進的終點。死亡是個人的體驗。我們每一個人都要獨自面對死亡。關於死亡，沒有人可以爲我代勞，旁人可以幫我打掃或爲我煮飯，但死亡不行。死亡是「我自己的」死亡，每個人一出生就不斷地朝死亡前進（moribundus sum）*，這讓我們感到焦慮。[48]死亡是我們個人的事，死亡帶來的焦慮只有我們自己能夠感受，並且促使我們轉而向內檢視自己的內心。然而，海德格認爲，人一旦退縮到自己的內在世界，意謂著他與他人的關係將支離破碎，而唯有遠離人群才能讓一個人生活在自由、眞實與現實之中。[49]海德格也指出，在這種狀況下，具體的共同存有已毫無意義。[50]海德格用「存在的唯我論」（existential solipsism）來描述這種狀況，亦即，以存在的意義來說，「我」是唯一存在的事物。[51]我們被完全扔回到自己本身之中，完全切斷了與他人的連繫。當我們進入到眞實與自由之中，這樣的自由與眞實將不會與他人有任何連繫。在這樣的背景下，海德格主張，哲學的洞察需要獨處。對海德格而言，獨處本質上可被視爲一種退化的現象，因爲他把獨處形容成「與

*編注：拉丁文：我正在死亡之中（I am in dying.）海德格用語。

他人共同存有」的一種低等模式。但海德格又指出，與此同時，獨處也是本眞生活的前提條件。因此，獨處也是本眞社群的前提條件。舉例來說，海德格寫道，某些事物是社群賴以成立的決定性因素，但這些事物無法在社群內部發展、只能在個人的獨處中尋得。[52]對海德格來說，通往自我認識的道路一定要經由獨處才能達成。海格德寫道，藉由獨處，人可以接近事物的本質、接近世界，以及接近自我。[53]只有在獨處中，我們才能成爲自己。所有眞實的哲學都是在「神祕的獨處」中發生的。[54]

獨處是洞察與本眞生活的前提，這種說法也在丹尼爾・笛福（Daniel Defoe）的著名小說《魯賓遜漂流記》（*Robinson Crusoe*, 1719）中出現，這部小說深富寓意，講述了獨處的純淨力量。魯賓遜原本是個商人，他被他的時代與他已經墮落的本性所敗壞。在孤島上，魯賓遜爲自己有罪的生活懺悔，並重新與上帝建立關係。最終，魯賓遜證明自己是個好基督徒，而他也成功讓異教徒「星期五」改信基督教。唯有在他成爲一個嶄新而更好的人之後，他才能重返社會。無論人們對於這個道德寓言有什麼看法，可以確定的是，獨處具有雙重性質，一方面能讓一個人崩潰，另一方面又能讓人與自己和他人建立嶄新與更好的關係。

盧梭與獨處的沮喪

追求獨處的人不一定眞的處於獨處的狀態。其中一個例子就是盧梭（Jean-Jacques Rousseau）。他的作品《一個孤獨漫步者的遐想》（*Reveries of the Solitary Walker*, 1776-8）乍看之下正面描寫了獨處，但仔細閱讀後會發現，書中充滿模稜兩可的說法。盧梭作品的特殊之處在於，他有無數段落提到他在獨處時獲得極其美好的感受，但同時我們也能從字裡行間看出——有時他甚至毫不掩飾地明言——他獨處時感受到的顯然是完全相反的狀況。[55]盧梭自稱是被迫害的孤獨天才。他的首次漫步已然呈現出整部作品的調性：

我孤伶伶一個人，沒有任何兄弟、鄰居、朋友，我離群索居，獨自生活。最善於交際與情感最豐富的人在眾人一致同意下被逐出社會。他們的恨意達到極致，他們想盡辦法要用最殘忍的方法折磨我敏感的靈魂，粗暴地斷絕我與他們的一切連繫。[56]

我們看到盧梭的作品充滿偏執的幻想，他執著地相信敵人正處心積慮對付他。事實上，當盧梭「獨自」漫步時，他的腦子仍不斷縈繞他人的身影，因此他的漫步實際上根本不具有獨自一人的性質。在盧梭的一生中，獨處一直是個持續的事實。我們經常可以在孤獨的人身上看到的性格特徵，例如不信任、自私、對他人抱持負面態度、認為自己與眾不同等等，全都在盧梭身上出現最極端的展現。盧梭也會結交朋友，但他最終總會毫無例外地自己毀了這段友情。看了這樣的描述，每個人都會覺得盧梭是個討人厭的傢伙，但他自己卻說：「談到邪惡，我這輩子從沒想過要做這樣的事，在這個世界上，恐怕我做的壞事比任何人都要少。」[57]

在盧梭的哲學中，獨處是一個人的起點，也是一個人的終點。獨處是自然狀態的普遍現象，在自然狀態中，人是自由的、平等的、自足的與毫無偏見的。「自然人只為自己而活。他自成一個單元，無論對自己或其他人來說，他都是一個絕對的整體。」[58]自然人是獨處的、無拘無束的、快樂與良善的。[59]如康德日後提出的批評，盧梭把自然狀態描述得太美好，如果眞是如此，人類為什麼要脫離自然狀態。[60]盧梭只說這是「偶然的結果」，[61]或者籠統地推給機緣巧合。[62]獨處是自然狀態的常態，在自然狀態下，獨處是好的。相反地，文明人是不快樂的與不道德的，人類被文明腐化，失去了好的獨處。因此，人類生活的目標就是重新找回好的獨處，唯有如此，人類才能獲得眞正的幸福。

早在《一個孤獨漫步者的遐想》的獨處經驗之前，盧梭已經提出這種人類生活規範。人們可能認為，重新找回好的獨處意謂著對塵世愉悅的追求，然而事實上並非如此。盧梭不僅在第五次漫步，此外也在第二次與第七次漫步中對獨處提出正面的看法，但他的描述卻帶有一種悲傷、沉重與絕望的色彩。盧梭也把獨處形容成一個安全的避風港，特別在第一次與第八次漫步中，盧梭強調，當他獨處時，沒有人能傷害他。他也提到獨處時，人完全處於當下，與整個世界神祕地結合為一體，達成一種和諧。在這種狀況下，人獲得一種神聖的自足感。然而，盧梭從未能夠維持獨處，他不斷返回他無法融入的社會，他總是與他人產生新的衝突，事實上，這些衝突反而成爲他的精神糧食。人們可能會質疑，如果自然狀態這麼美好，人類爲什麼要離開自然狀態？同理，如果獨處這麼美好，盧梭爲什麼總是逃離獨處？盧梭構思了一幅理想的獨處景象，但現實的獨處卻總是令人沮喪。

獨處容不容易做到

很少人能夠做到完全與他人不相往來。絕大多數的隱士其實仍住在社群之中。他們離開大型社群，卻另外在社會的邊緣，通常是在極爲偏僻的地方，建立起較小的社群。亨利・大衛・梭羅（Henry David Thoreau）是現代文學界最知名的獨居者，一八四五年到一八四七年，他在瓦爾登湖（Walden Pond）獨居期間，顯然並未中斷所有的社會互動。事實上，梭羅居住的地方距離最近的小鎮康科德（Concord）只有三十分鐘的步行距離，他隨時都可以到鎮上的酒館小酌或者去拜訪家人朋友。梭羅也坦言自己的獨處並非完全離群索居，他提到自己至少每兩天到鎮上一次，他覺得那是一件令人心情愉快的事，而且還可以聽到最新的小道消息。許多人會來拜訪他，特別是他的母親經常從家裡帶煮好的菜餚給他。因此，當梭羅寫道，他喜歡獨處，他無法想像有比獨處更好的社會時，他的話其實沒什麼說服力。[63]梭羅的獨處是隨時可以放棄的獨處。另一方面，愛德華・艾比（Edward Abbey）則提供了另一種獨處經驗。艾比描述自己年輕時曾在國家公園工作，他所在的地點人跡罕至，長期獨處讓他強烈感受到獨處雖然是件好事，但他還是寧可在人群中生活。[64]

梭羅的目標是在獨處中尋找自由。梭羅認爲，自由是一種隨心所欲的能力，而獨處可以協助人們取得自由，因爲獨處不僅能排除令人分心的事物，也能規避他人的需索。然而，在大城市裡也能做到獨處，不一定非得一個人待在大自然不可。梭羅承認這點，他表示，懂得思索的人總是能夠獨處，獨處不是以人與人之間實際的身體距離來衡量。[65]與孤獨一樣，一個人即使被他人圍繞，也能做到獨處，前提是他必須在心靈上與周圍的人隔絕。

一個人可以總是被人群圍繞，卻又能讓自己處於獨處狀態，之所以能夠如此，可能是因爲他在做白日夢，或是陷入沉思，或是專心做著自己的工作。我在〈導論〉提到幾位作者對大城市孤獨的描述，一個人即使身處於群眾之中，仍會感到無可言喻的孤獨。然而，大城市也能提供人們獨處的機會。在大城市裡，由於身旁全是陌生人，反而能夠獨處；在小鎮裡，要找到獨處的機會非常困難，因爲你經常會遇到認識的人，他們很容易破壞你的獨處狀態。因此，舉例來說，不要每天去同一家咖啡廳，這點十分重要，因爲店員很快就會認得你，或許還會預期你會點什麼咖啡——畢竟，我們絕大多數人都是習慣的動物——然而原本沒人認識你的狀態會逐漸被打破，因爲咖啡廳的店員或其他常客會對你點點頭，讓你有一種他們認識你的感覺，儘管他們並不認識你。

私人生活是一種制度化的獨處，是你可以離開人群不受外界打擾的空間。在極權主義社會幾乎不可能做到獨處，因爲極權主義社會幾乎不允許私人生活存在。極權主義社會的組織方式使私人生活難有伸展的空間。事實上，極權主義社會帶來了人們所能想像最嚴重的孤獨感。獨處是一種自由空間，而建立私人領域是確保這種自由的關鍵。弗里德里希・海耶克（Friedrich Hayek）提到：「自由以個人擁有不受侵犯的私人領域為前提，在他身處的環境裡存在著某種他人不可干預的境況。」[66]「私人」的概念隨時空變化而變遷，私人生活也有自己的演變過程。[67]儘管如此，每個文化卻有著不同私人生活的概念。[68]所謂自由是指一個人能以「自己的」方式過自己的生活的自由。自由的前提因此是私人生活，因爲人必須擁有私人生活形成的領域，才能以「自己的」方式過自己的生活。基本上，私人生活構成了一個獨立空間，使人可以專心做自己的事，思索自己的事，人可以在這個空間裡忘情地表現自我的另一面，如果沒有獨立的空間，人不可能這麼做，也不應該這麼做。某些生活面向只能在我們獨處時才能表現出來。本章一開始引用的威廉斯〈俄羅斯舞曲〉，詩裡的主人翁在跳舞，這麼做沒有什麼不對，他只是不想讓別人看到。他展示自己的另一面，而這一面只有他獨處時才能出現。超人有個遠離人群的住所，稱爲孤獨堡壘（Fortress of Solitude），這是他唯一能眞正做自己的地方，他不需要以另一種面貌示人。雖然我們不是超級英雄，但我們也需要這樣的空間。如密爾所言：

一個人如果隨時隨地置身於人群之中，對他而言可不是好事。一個世界如果完全消除獨處的可能，那麼這個世界會是個非常糟糕的世界。獨處，通常指獨自一個人，是進行深刻沉思的必要條件，也是性格形成的重要因素；獨自面對美麗而雄偉的自然景致，有助於孕育一個人的思想與抱負，不僅對個人有益，對社會也有幫助。[69]

我們最常獨處的地方就是自己的家。[70]因此，無論是獨處還是孤獨，都以家爲中心。然而，當我提到獨處只能在私人生活架構裡實現時，不表示每個人都能成功在這樣的架構裡實現獨處。有時候，私人生活不但無法讓人獨處，還會更讓人感到孤獨。另一方面，有些人的私人生活依然以與他人相處爲主要特徵，尤其是成天掛在社群媒體的人，如此不僅無法獨處，也不會感到孤獨。因此，擁有私人生活無法保證一個人能夠獨處，還必須加上自身的努力。相反地，我們可以想像有些人的私人領域總是充斥著他人，特別是家人。當家人占據你所有的時間時，你只有離開私人領域進入到公共空間才有獨處的可能。

遠離他人的目光

獨處不一定只能在私人生活架構裡展開，但在私人生活架構裡最有實現的可能。理由是成爲他人目光的焦點，會影響我們與自己的關係。

沙特形容人類是孤獨的，人類必須體驗孤獨帶來的痛苦，才能認清自己在宇宙中的地位。然而，人類也總是藉由與他人相處來了解人類生命。我們不能將上面這兩句話詮釋成一個人必須先爲自己存在，而後再加入他人的行列。人類的存在總是且必然是共同存有。事實上，共同存有是我們認識自己的前提。我們是透過他人的目光來認識自己。我坐在公園裡，注視周遭的一切。我是這一切的中心點，所有的事物只爲我而存在。我是「主體」，我把我身邊的事物全當成客體。但突然間，另一個人出現在我的視野之內。起初，我只把這個人當做另一個隨機出現的客體，但不久我發現，這個人與其他客體不同，因爲他跟我一樣，把他身邊所有的事物當成客體。那個人也是主體，因此，他不僅看到了我看到的一切，他也看到了我。那個人把我當成他的客體。這個時候，他在我的眼中才眞正變成了人類，因爲我不得不把他視爲主體。此外，也只有在這個時候，我才能與自己建立眞正的關係。被注視的經驗，使我看到了自己。舉例來說，你站在門外偷聽。你全神貫注聆聽門內發生了什麼事。突然間，有人拍你的肩膀，你面紅耳赤，因爲你偷聽的事被發現了。此時你才眞正意識到自己在做什麼，也就是說，你意識到自己是個在門邊偷聽的人。[71] 換言之，你透過他人對你的判斷而意識到自己。他人透過眼睛來評斷你，他的目光穿透了你的靈魂。[72] 這個經驗構成你與他人的關係：他們對你做評斷。儘管如此，你需要他人的評斷，因爲你需要他人的認可；而爲了讓他人的認可具有價值，你也必須認可他人。他人對我的認可是否具有價值，取決於我是否認可他人。[73]

同時，我也需要與自己建立關係，而這個關係不是由他人的目光來決定，也就是說，這個關係不是我與外在的關係，我觀察自己不是爲了決定我要在他人面前呈現什麼樣的自己。在獨處中，我與自己建立了更直接的關係，因爲這個關係沒有他人的目光介入。在獨處中，我避免自己成為他人的客體。我因此擁有了免於他人干涉的自由。因此，獨處可以讓人避免與自己建立反身關係，人獨處時通常比較不具有自我意識。[74]當一個人尋求獨處時，不僅是為了獲得「不受」他人干涉的自由，也為了決定自己要做什麼、想什麼。[75]然而這不表示人必須無視於外界，完全沉溺於獨處之中，因為我們在獨處時做的事，目的往往不是為了獨處本身。

在《學者的使命》（*Some Lectures Concerning the Scholar's Vocation*, 1794）第一講中，約翰・戈特利布・費希特（Johann Gottlieb Fichte）強調，學者首先是個人，而身為一個人，學者也是社會的動物。因此，如果學者把自己孤立起來，選擇過獨處的生活，那麼他將違背自己的天性。[76]在《倫理學體系》（*The System of Ethics*, 1798）中，費希特表示，獨自思考雖然對學者有益，但不要忘了思考的目的是為了與他人溝通。[77]

絕大多數人必須獨自一個人，也就是在獨處的時候，才有辦法寫書。瑪格麗特・莒哈絲（Marguerite Duras）在《寫作》（*Writing*）提到這個觀點：

寫作的獨處是一種少了它就無法寫作，或者是寫得支離破碎，或者是會讓人刻意尋找題材而讓作品完全喪失活力的獨處……寫書的人必須與他人隔絕。這是一種獨處，一種作者的獨處，寫作的獨處。[78]

獨自寫作的目標是爲了讓自己的作品找到讀者，也就是說，寫作的一個重要理由是爲了讓他人閱讀我的作品。儘管如此，如果我寫作時有人站在我的背後偷看，我將無法繼續寫作下去。在他人注視下，我會產生強烈的自我意識，使我無法全心投入於寫作之中。我們花在獨處的時間，絕大多數與他人有關，牽涉到我們如何以最好的方式與他人在這個世界上共處。即使我們選擇獨處，我們依然是社會的動物。

獨處的能力

在第三章，我們除了討論一些孤獨測試，也提到一種獨處測試：獨處偏好量表。選擇獨自生活與度假的人明顯增加，顯示今日人們愈來愈偏好獨處，但我還沒看到有任何研究針對這種現象進行長期調查。值得一提的是，一個人如果不是爲了逃避社會接觸，而只是因爲喜歡獨處而獨處，那麼這樣的人往往會花更多時間獨處，且更容易從中獲得快樂。[79]然而，即使絕大多數人選擇獨自生活與度假，我們獨處的程度似乎仍比不上過去，尤其當每個人都有電子通訊設備的情況下，今日人與人之間的互動比過去更爲密切。

我們生活在一個幾乎無法獨處的時代，電話交談、簡訊傳送、推特、臉書與Skype促使我們持續不斷地與他人互動。現在要獨處的機會比過去來得少，尤其原本獨處的空間現在已被社交塡滿。或許我們這個時代最大的問題不在於過度的孤獨，而在於太少獨處。我們可能出於厭煩、不安、茫然或懶散而急欲找人陪伴，或許是直接碰面；或許是透過電話、電腦，我們不願獨自一個人，這使得我們獨處的時間大幅減少。我們經常分心在別的事物上，而現實中也確實有太多事物容易讓我們分心。分心這個詞很有意思，它實際上指的是「注意力分散」。我們的注意力分散到別的地方，完全未集中在自己身上。

羅素在一九三七年表示，我們已經失去獨處。[80]奧多・馬夸德（Odo Marquard）也主張，我們已經大致失去「獨處的能力」。[81]獨處的能力表面上是指讓自己獨自一個人的能力，然而撇開這個明顯的意義不談，我們要問的是：「獨處的能力」更深入的意涵是什麼？馬夸德寫道：「成熟是獨處特別需要的能力。」[82]這個說法乍聽之下很奇怪，但馬夸德的意思是，成熟可以讓一個人憑藉自己的信念昂然獨立，不需要仰賴別人的支持。康德曾說，啟蒙指人類克服了不成熟的狀態。[83]當然，我們必須補充說明，康德說的不成熟是指智性上的不成熟，而缺乏獨處的能力指的是情感上的不成熟。想要獨處，人必須與自己建立關係，並且在這種自我關係中找到內心的平靜。一旦無法求得平靜，我們就會轉而追求外物，擺脫與自己的關係。如帕斯卡爾（Blaise Pascal）所言：

> 我們不會追求輕鬆而平靜的狀態，讓自己思索自己的不幸福，我們也不會追求戰爭的危險或工作的勞苦，相反地，我們會追求忙亂喧囂的生活，把思索拋諸腦後，尋找消遣與娛樂，讓自己開心度日。

這是我們喜愛追逐更甚於挖掘的原因。

因此，人總是喜歡熱鬧與摩肩擦踵；因此，人總是覺得坐牢是一件恐怖的懲罰；因此，人無法理解獨處有何快樂可言。[84]

持續分心是一種情感不成熟的表徵，而這種現象在今日卻顯然成了一種典型。在研究中，受試者獨處的時間只有六到十五分鐘，但絕大多數受試者卻表示，要他們專心思索有一定的困難。[85]當受試者獲得「消磨時間」的機會時，舉例來說，讓他們玩手機，大部分受試者會毫不猶豫地開始玩起手機。有一項研究允許受試者電擊自己來排遣無聊，結果竟有四分之一的女性與三分之二的男性這麼做。事實上，居然有人在十五分鐘內電擊自己一百九十次。這些研究雖然主題是獨處，但實際上也可以說是對厭煩忍受度的一項測試，而這些研究也顯示，即使把令人分心的外在目標移除，許多人還是無法專心在自己身上。

如尼采所言：「我逐漸發現，我們的教養與教育普遍存在的最大弱點，是沒有人學習、沒有人追求、沒有人教導人們如何忍受獨處。」[86]獨處的能力必須透過學習才能得到。在這裡，托馬斯・馬喬（Thomas Macho）提出所謂的「獨處技術」，也就是讓一個人能與自己在一起的技術。[87]當一個人感到孤獨時，他是自己一個人與自己在一起，但一個人獨處時，他是與自己一起與自己在一起。這種獨處技術的一般特徵是雙重自我（self-doubling），你並未創造出與自己一模一樣的自己，你只是與另一個自我交談。換言之，你成功讓自己填補了在他人缺席下自己空虛的內心。巴特勒形容憂鬱是一個人踏進這個世界上最糟糕的社會：他自己。[88]巴特勒描述的社會如此可怕，因為它本質上象徵著空缺、失落與缺少。

一個人如果缺乏豐富的內在生活，往往很難忍受獨處，而另一方面，獨處本身也是擁有豐富內在生活的先決條件。米哈里・契克森米哈伊（Mihaly Csikszentmihalyi）發現，無法忍受單獨的人往往無法獨處，而這種人也無法發展出屬於自己的創造力。唯有精通獨處技術的人才能在藝術或科學上有卓越成就。[89]當然，這些人也會與他人互動。具有創造力的人，他們花在獨處的時間不一定比他人多，但他們有能力運用獨處的機會進行創造，而非只是怨天尤人。[90]

鄂蘭認為，孤獨是人類生活的基礎經驗，但也與人類最基本的需求衝突。[91]在鄂蘭眼中，哲學是一種獨處的活動，她曾形容「哲學家」是離開「人類事務的黑暗洞穴」往外尋求獨處的人。[92]鄂蘭也指出，「獨處意謂著與自己的自我在一起。」[93]然而，這種現象不是只有哲學家才有。根據鄂蘭的說法，獨處的主要特徵是我與自己在一起：我是「二合一」。[94]當然，獨處也有可能轉變成孤獨，鄂蘭認爲，當這種情況發生時，就表示我已經被自己拋棄了。也就是說，當我無法成功將自己區分成「二合一」時，我就只能獨自一個人，而無法跟自己在一起。[95]

獨處與孤獨的差異尤其表現在一個人與自己的關係上，特別是一個人能否處於相對自給自足的狀態。當然，沒有人可以完全自給自足，想完全自給自足並不實際，但無法做到一定程度的自給自足，或無法獨立自主、必須仰仗他人的幫助過活，這樣的生活也是可悲的。畢竟，沒有人可以永遠依靠他人。人不可能完全自給自足，因此，爲了讓獨處產生正面意義，重新與他人建立互動是不可或缺的。如奧拉夫・豪格（Olav H. Hauge）所言：

獨處是甜蜜的，

只要返回尋找
他人的路
維持暢通。
畢竟，你不是為自己
而閃耀。[96]

8

孤獨與責任

他們總是說，時間會改變一切，但也要你真的去改變才行。

——安迪・沃荷（Andy Warhol），《安迪・沃荷的普普人生》（*The Philosophy of Andy Warhol*）

我們幾乎沒有理由相信孤獨在現代世界是個日益嚴重的問題，但孤獨的問題確實不可小覷。即使對我們當中一些並未受孤獨嚴重影響的人來說，也會認爲孤獨是個重要現象，因爲孤獨可以顯示我們在生活上有多麼需要他人。而我們當中也有一些較少數、但必須關注的人，他們或多或少仍持續受困在這種痛苦的情感中。[1]

孤獨與羞恥

爲什麼孤獨如此令人痛苦？孤獨透露了關於我們自己的訊息與我們在這個世界的地位。這種情感使我們覺得自己在面對廣大世界時有多麼渺小。我們覺得無論自己怎麼做，這個世界都不會有任何改變，這個世界有沒有我都是一樣的。孤獨特別會讓人感到羞恥。

在課堂上講授孤獨這個主題時，有時我會問底下的學生，覺得孤獨的人請舉手，但沒有人舉手，此時整間教室會陷入令人尷尬的沉默。這個現象說明了一件事：人們很難公開坦承自己感到孤獨。畢竟，孤獨是一種社交痛苦，這種痛苦顯示一個人的社交生活未能獲得滿足，而這種痛苦在眾人面前公開之後，也會讓人坐立難安。孤獨不僅令人痛苦，也讓人困窘。爲了避免感到羞恥，一個人不管再怎麼孤獨，都會設法維持擁有豐富社交生活的假象。儘管孤獨是一般的人類現象，但只要感到孤獨，就會成爲輸家。

在瓊・蒂蒂安（Joan Didion）的《順其自然》（*Play It as It Lays*）中，我們看到

三十一歲女演員瑪利亞・魏斯（Maria Wyeth）一步步走向精神病院的過程。從她與丈夫離婚開始，接著是丈夫逼她墮胎、女兒住院治療，連自己的演藝事業也一落千丈。瑪利亞感到非常孤獨，但她又必須隱藏內心的孤獨：

瑪利亞在超級市場看到她們，她知道購買的東西往往會傳遞出某種訊息。星期六晚上七點，她們在排隊結帳時閱讀《哈潑時尚》（*Harper's Bazaar*）的占星專欄，她們的購物車裡放著一塊羊排，也許還有兩罐貓食與星期日的早報，這類提前發售的報紙，外頭通常還裹著一份漫畫。她們有時神采奕奕，裙子的長度剛剛好，太陽眼鏡的顏色也很搭，唯一美中不足的也許是她們的嘴巴周圍有點緊繃，而她們買的東西就是這些，一塊羊排與幾罐貓食，還有一份早報。為了避免傳遞出某種訊息，瑪利亞總是購買家庭號的葡萄柚汁、幾夸脫的綠色辣味莎莎醬、乾扁豆與字母麵、短管麵與番薯罐頭、幾盒二十磅重的洗衣粉。她知道有些物品會讓人看出她沒有工作，一個人孤獨待在家裡，所以她從來不買小容量的牙膏，絕對不將雜誌放進自己的購物車裡。她在比佛利山的房子堆滿了糖、玉米瑪芬、冷凍烤肉與西班牙洋蔥。

瑪利亞只吃了茅屋起司。[2]

孤獨意謂著人類生活的某個核心部分無法獲得滿足，也就是說，孤獨的人無法與某人或更多人建立他們需要的關係。孤獨的人，其生而爲人的價値無法獲得認可，或至少無法達到他們需要的認可程度。因此，孤獨似乎是外在加諸在個人身上的事物。孤獨的人渴望與他人建立關係，卻始終無法如願。從這點來看，社會排除與社會退縮是有差異的。

孤獨、歸屬感與生命意義

長期孤獨與遭受社會孤立的人，往往不容易感受到生命意義。這表示，要讓我們的生命產生意義，歸屬感是其中的核心。[3]當然，生命意義可以從各種不同的角度加以探討，但有一項特徵始終扮演了決定性的角色，那就是與他人的關係。[4]鮑邁斯特與利里（Timothy Francis Leary）提出的「歸屬感假說」獲得許多證據支持，他們主張：「人類總是渴望建立與維持最低程度的長期、正面與具有影響力的人際關係。」[5]然而必須補充的是，歸屬感的需求因人而異，有些人需要強烈的歸屬感，有些人則不需要那麼強烈的歸屬感。[6]花很多時間跟他人相處的人，往往比大部分時間獨自生活的人快樂，但這當中顯然也存在個別差異。在衡量主觀福祉時——或者「幸福」，這個詞很容易造成誤導——人際關係要比金錢與健康更具影響力。如果你想預測什麼樣的人在主觀福祉量表上會得到較高的分數，那麼押注在經常與家人和朋友在一起的人，勝率通常較高。大部分的人認爲，自己與他人在一起時，比獨自一人更能產生正面情感。話雖如此，多數人仍可享受獨自一人的美好時光，反過來說，與他人相處也可能產生可怕的經驗。

無論如何，我們需要他人。這種需要的關鍵是，他人也需要我們。從某種意義來說，不被需要的人，在這個社會上沒有任何角色。但奇怪的是，我們平日生活中卻總是希望盡可能不麻煩別人。一九七〇年，社會學家菲利普・斯萊特（Philip Slater）出版了《追求孤獨》（*The Pursuit of Loneliness*），他在書中表示：

我們追求私人房屋、私人交通工具、私人花園、私人洗衣店與各式各樣的DIY技術。在科技協助下，一個人在日常生活上再也不需要求助他人。就算在家裡，美國人也獨特地希望每個成員都能有自己的房間，如果經濟許可，甚至有自己的電話、電視與車子。我們追求愈來愈多的隱私，然而一旦我們獲得了隱私，卻感到愈來愈疏離。[7]

某種層面來說，從斯萊特發表作品後這數十年間，個人獨立生活的趨勢確實有增無減。黑格爾（Georg Wilhelm Friedrich Hegel）曾經表示，這種可悲的自我「無法擺脫孤立，只是不斷地往內心退縮，而且困守在無法滿足的抽象內在之中」。[8] 儘管如此，我們仍不能說我們變得更加孤獨。

為自己的情感負責

孤獨的現象學使孤獨看起來像是外在加諸在個人身上的事物。因此，該指責的是個人身處的環境。如果是環境該受指責，那麼就應該由環境來補救整個處境。然而，我們自己的情感應該是由我們自己負起全責。我們的情感「是」我們的情感。它們屬於我們所有。亞里斯多德認爲，每個人的行爲都受自己的性格影響，但每個人的行爲某方面來說也由人自己的意志決定，因爲我們的性格是我們自己造成的，亦即，我們的性格有一部分是我們自己創造或塑造出來的。[9]舉例來說，你應該爲自己養成易怒的習慣負責，因爲這種習慣使你在某種處境下很容易做出不理性的攻擊行爲。同樣地，如果有人選擇某種行爲模式，因而持續且加強了自己的孤獨傾向，則可以說，這個人應該爲自己的孤獨負責。哈里·法蘭克福（Harry Frankfurt）明確反對亞里斯多德的理論，他認爲人應該要爲自己的性格以及因爲自己的性格而做出的行爲負責，但原因不是人產生或形塑了自己的性格，而是人就是「要爲自己的性格負責」。[10]同時顯而易見的是，一個人只有在有可能改變自己的性格時，才需要負起責任。

當然，我們不可能選擇自己的感受。我們不可能簡單地決定不要孤獨，光憑意志的行動就讓孤獨像露水一樣在太陽出來時消失不見。從現象學的角度來說，情感是偶然發生在我們身上的事物，而且通常與我們原先的欲望相違背。然而，舉例來說，儘管某個社會處境令你感到不適，你仍可以選擇進入其中。你可以嘗試改變你對這類處境的看法、你對他人的期望，以及你與他人的依附關係。這是你自己必須擔負的任務，沒有人可以代勞。

另一方面，孤獨是一種外在加諸的體驗，它是在不符預期與無法令人滿意的社會環境中產生的。因此，要求孤獨的人去改變與自己的關係以及與環境的關係似乎不太公平。而且這麼做也有點像是「責怪被害人」。孤獨的人很可能想跟史密斯樂團（The Smiths）的莫里西（Steven Patrick Morrissey）一樣，在歌曲〈現在何時才會到來？〉（*How Soon is Now?*）中回答：

閉上你的嘴
你怎麼能說

我做的事全是錯的
我是個人而且我需要被愛
就像其他人一樣

孤獨的痛苦是無法得到充分認可的痛苦。孤獨的怨言是基本人性需求無法得到滿足而產生的怨言。然而，這些需求有部分是因爲人本身的期望產生的。因此，我們或許不應太早下定論，認爲他人提供的社會支持有問題。或許問題出在我們對於人際關係抱持過高的期望。或許我們過於期望整個社會能表現出溫情。[11]如果一個人即使身旁有家人與朋友提供典型的支持與認可卻依然感到孤獨，那麼他大概是有「社交飢餓」的問題，就像有些人嚴格來說已經吃得太多卻仍感到飢餓。有些人會持續尋求新戀情與結交新的朋友，希望藉此滿足自己建立依附關係的需求——不過這幾乎是不可能的。就這點來說，孤獨似乎帶有功能失調的傾向，就像其他情感也可能失調一樣。

即使實際上你眞的感到孤獨，我也無法告訴你，爲什麼你感到孤獨。我已經討論了幾個容易使人感到孤獨的社會環境與心理特徵，但你必須根據自身孤獨的成因與根據來判斷這些討論是否與你相關。或許本書的一些資料可以協助你改善對自我的理解。或許你會發現，你孤獨的成因與根據跟你原先想的不一樣。孤獨的經驗是一種外在加諸的感受，因爲一個人身處的環境無法滿足他對依附關係的情感需求。但或許人們會發現，自己的某些性格特徵也會使自己產生這樣的感受，例如對於實際的依附關係抱持過高的期望、無法充分信任他人、只在意自己，或在社會處境裡對自己與他人都過度苛求。

在許多例子裡，我們可以肯定地說：你不會因爲單獨而孤獨，但孤獨一定會讓你單獨。如前所述，這種說法似乎對孤獨的人不太公平，就像是在責怪被害人。無論如何，孤獨確實感覺像是無法滿足你的需求的環境加諸在你身上的事物。然而，這種主觀看法不是衡量孤獨成因的良好指標。如果你有支持你的家人與朋友陪伴，但你依然覺得孤獨，那麼很有可能是你自己希望獲得認可的需求出了問題。你感到孤獨不一定表示是他人令你失望或未能達到要求，也有可能是你自己未能對你實際擁有的依附關係做出正確的評價。此外，雖然你感到孤獨，但這不表示你可以要求他人解決你的孤獨。正如快樂不是一種應得的權利，人生不會遭遇孤獨也不是你應得的權利。

你怎麼看待自己與他人怎麼看待你，兩者間總是存在著差距，而你一定能感受到這層差異。你要獨自面對自己的思想與經驗，沒有人能站在你的立場來面對這些事物。這種獨自面對世界的感覺，讓人感到孤獨。多數人在大部分情況下總能排遣孤獨，但對某些人來說，孤獨卻成了負擔。從這個角度來看，典型的孤獨經驗不在於他人的消失，而在於他人的出現反而讓人感到疏離。我們需要友情與愛情，其實都是爲了克服這種疏離感，我們希望與他人建立親密關係——或至少希望對方說，他們了解我們在想什麼，也能體會我們的感受——他們不是只聆聽我們描述自己的想法與感受，而是眞的知道我們在說什麼。他們不需要爲我們的想法與感受喝采，只需要了解這些想法與感受從何而來，並認識到我們就是這樣的人，我們對世界的體驗就是如此。每個人一生中總會有孤獨的時候，唯有兩個人能彼此坦誠，才有可能化解孤獨。

然而同時，有許多事是無法與人分享的。死亡是孤獨的。我的死亡就是我的死亡。帕斯卡爾寫道：「只有笨蛋才會依靠他人。我們如此悲慘而無力，而他們絕不會幫助我們；我們將單獨死去。」[12]諾伯特・伊里亞斯（Norbert Elias）也提到「臨終者的孤獨」，他認爲我們的文化把死亡隱藏起來，因爲我們的文化不認爲死亡是我們體驗世界的一個過程，因此認爲不應該顯露死亡。死亡成了生者眼中的難題，這讓臨終者感到孤獨，因爲儘管臨終者「一息尚存，卻發現自己已經被逐出生者的社群」。然而，我們不一定非得這麼做。我們不需要像揚斯・畢爾內博（Jens Bjørneboe）在《愛鳥人士》（*The Bird Lovers*, 1966）裡寫的〈死亡之歌〉（*The Death Song*）一樣：

日子來臨，時候到了。
你被放在牆邊，身上流著血。
愛你的人
很快就會散去
屆時你將發現：死亡是孤獨的。[14]

愛你的人不一定會散去。我父親去世時，我們全程陪伴著他。我們知道接下來會發生什麼事，並經常談論這件事，直到深夜。我們沒人能代替父親走完最後這段路，但至少我們可以在他身旁陪伴他。直到最後，我們仍像過去一樣，維持家人間的親密與慰藉。儘管如此，他依然要面對現實，他終將單獨走上死亡之路。

那是你的孤獨

孤獨讓我更了解自己，也讓我認識到我在這個世界的地位。年少輕狂時，我以爲自己不需要他人，我以爲自己一個人也能過得很好。即使到了現在，我偶爾也會受到獨處的積極面吸引，認爲自給自足的生活依然是個選項。這種幻想往往不會持續太久，獨處很快就會被孤獨取代。孤獨感爲我們可以成爲什麼樣的人設下明確的限制，孤獨感讓我們清楚感受到自己並非自給自足的動物。從我們出生那一刻起，甚至早在我們出生之前，我們的生命已經與他人交織在一起，我們的人生，除了持續建立新的親密關係，也持續結束舊的親密關係。如勞倫斯（D. H. Lawrence）所言，人類生活的一切都離不開與他人的關係，甚至包括我們的個別性。[15]少了與他人的關係，我們的個別性將化爲烏有，因爲個別性是透過與他人的關係才得以發展與界定。

理查・福特（Richard Ford）在小說《加拿大》（*Canada*）中寫道：

> 我曾經讀到這樣的說法，孤獨就像在排一個很長的隊伍，等到排到最前面的時候，承諾的好事就會發生。只是這個隊伍一動也不動，一直有人在前面插隊，你希望你能夠排到最前面，但那個位子卻離你愈來愈遠，直到你不再相信前面還有東西可以給你為止。

然而，如果你相信這個隊伍——人生——最終沒有東西可以給你，那麼你就錯了。除非你能顯示自己的孤獨，否則他人不可能察覺你的孤獨。沒有人能強行進入到你的孤獨之中，並迫使你的孤獨消失。然而，你可以允許他人進入到你的孤獨之中，如此一來，孤獨將不再是孤獨，而是一個社群。此外，你必須學習接受以下的事實：人類的一生或多或少都會有孤獨的時候。這是爲什麼學習容忍孤獨與懷抱希望將孤獨轉變成獨處如此重要的緣故。

你可以透過學習容忍孤獨讓自己的內心平靜下來，使自己不再那麼需要他人對你的認可，但同時，你依然可以與他人互動，向他人敞開心房。儘管如此，孤獨不可避免有時還是會突然出現。你必須面對孤獨，畢竟無論如何，那都是「你的」孤獨。

致謝

感謝西里・索爾利（Siri Sørlie）、馬里厄斯・杜克斯海姆（Marius Doksheim）、揚・哈默（Jan Hammer）與埃里克・托斯滕森（Erik Thorstensen）對本書的評論。特別要感謝托馬斯・塞維尼厄斯・尼爾森（Thomas Sevenius Nilsen）協助整理挪威生活狀況調查的資料。最後要感謝多年來的編輯英格麗・烏格維克（Ingrid Ugelvik）再次提供優秀的建議與洞見。

引用文獻
References

導論

1. Stendhal, *On Love*, p. 267.
2. C. S. Lewis, *The Four Loves*, p. 12.
   繁體中文版　《四種愛：親愛・友愛・情愛・大愛》，C・S・路易斯，梁永安譯，立緒文化，2022
3. Simmel, 'The Metropolis and Mental Life' , p. 108. 也可見 Simmel, *Sociology: Inquiries into the Construction of Social Forms*, p. 95.
4. Simmel, *The Philosophy of Money*, p. 298.
5. Tocqueville, *Democracy in America*, pp. 665, 701.
   繁體中文版　《論美國的民主》，亞歷克西・德・托克維爾，董果良譯，五南，2022
6. Tocqueville, *Selected Letters on Politics and Society*, p. 326. 關於獨自待在荒野，可以進一步參閱 Tocqueville, 'Journey to Lake Oneida' and 'A Fortnight in the Wilderness' , p. 665.
7. 參見 Marquard, 'Plädoyer für die Einsamkeitsfähigkeit', p. 113; Moody, 'Internet Use and its Relationship to Loneliness' ; Monbiot, 'The Age of Loneliness is Killing Us'.
8. Chen and French, 'Children's Social Competence in Cultural Contexts'.
9. 參見 Svendsen, *Philosophy of Boredom*, p. 28.
   繁體中文版　《最近比較煩：一個哲學思考》，拉斯・史文德森，黃煜文譯，

商周出版，2009

10. Larson, 'The Solitary Side of Life: An Examination of the Time People Spend Alone from Childhood to Old Age'.
11. Cioran, *Drawn and Quartered*, p. 159.
12. Sartre, *Nausea*, p. 116.
    繁體中文版　《嘔吐》，沙特，嚴慧瑩譯，麥田，2023
13. Rilke, *Letters to a Young Poet*, p. 23.
    繁體中文版　《給青年詩人的信》，里爾克，馮至譯，聯經出版，2004
14. 《創世紀》（*Genesis*）2:18.
15. 《詩篇》（*Psalms*）142:4.
16. 《傳道書》（*Ecclesiastes*）4:9–12.
17. Kant, *Idea of a Universal History with a Cosmopolitan Purpose*, p. 44.
18. Byron, *Childe Harold's Pilgrimage*, Canto iii, v. 90, p. 131.
19. Milton, *Paradise Lose*, Book ix, 249, p. 192.
    繁體中文版　《失樂園》，約翰・密爾頓，邱源貴譯，聯經出版，1994
20. Bierce, *The Enlarged Devil's Dictionary*, p. 44.
    繁體中文版　《魔鬼辭典》，安布羅斯・比爾斯，李靜宜譯，遠足文化，2016
21. Butler, 'A Melancholy Man', p. 59.
22. MacDonald and Leary, 'Why Does Social Exclusion Hurt? The Relationship Between Social and Physical Pain'; Eisenberger, Lieberman and Williams, 'Does Rejection Hurt? An fmri Study of Social Exclusion'
23. 遺傳學與神經學對孤獨的探討，清楚的概要說明見 Hawkley and Cacioppo, 'Perceived Social Isolation: Social Threat Vigilance and its Implication for Health'. 心理分析大量研究了孤獨，由於篇幅有限，我無法詳盡介紹。這方面的通論作品與針對一些最重要作品的討論，見 Quindoz, *The Taming of Solitude: Separation Anxiety in Psychoanalysis*.

1 孤獨的本質

1. 以挪威公共衛生研究院對孤獨的定義爲例：「完善的社會支持指一個人能獲得愛與關懷、獲得尊敬與重視，屬於社會網路與彼此負責的社群的一分子。完善的社會支持的反面就是孤獨。」Folkehelseinstituttet, 'Sosial støtte og ensomhet – faktaark'
2. 參見 Scarry, The Body in Pain.
3. Eliot, *The Cocktail Party*, p. 414.
4. 這種形而上的孤獨的極端表現可以參閱班・拉札爾・米尤斯科維奇（Ben Lazare Mijuskovic）的《哲學、心理學和文學中的孤獨》（*Loneliness in Philosophy, Psychology and Literature*, 1979），書中把人類存在的完整性化約爲孤獨狀態，凡是主張自己的人生並未受孤獨決定的人，這些人等於完全否定了自己的基本存在條件。儘管人與人之間的溝通與交流有著撫慰人心的作用，但它被貶低爲瞬間產生的幻覺，（米尤斯科維奇，《哲學、心理學和文學中的孤獨》，82 頁）。米尤斯科維奇認爲，孤獨是人類生命最基礎的事實，孤獨是自我意識的基本結構，當人試圖完全看穿自己時，他們會發現虛無與孤寂，簡言之：孤獨（同上，13-20 頁）。然而，可能有人會質疑這種笛卡兒式的內省（Cartesian introspection）是否可能，並懷疑自我是否眞的可以被自己看穿。許多哲學家，特別是康德，提出了各種論點駁斥內省的說法。我們也懷疑爲什麼內省產生的事實可以比外在觀察（extrospection）揭露的事實更爲基礎。然而無論如何，最重要的是，米尤斯科維奇的反思過於化約與概括，他在考察眼前的現象時，完全忽略現象的多樣性。我不禁想起維根斯坦（Wittgenstein）在《哲學研究》（*Philosophical Investigations*）引用莎士比亞的作品作爲他的題詞：「我會告訴你有什麼不同！」（莎士比亞，《李爾王》，第一幕，第四場）維根斯坦也曾評論弗雷澤（James George Frazer）的《金枝》（*The Golden Bough*）：「公允地對待事實沒有這麼難。」（維根斯坦，《哲學時刻》〔Philosophical Occasions〕，1912-1951，129 頁）就是這種追求通則的渴望，把事情搞複雜（維根斯坦，《藍皮書》〔*The*

Blue Book〕，17-18 頁）。事實上，米尤斯科維奇本人似乎就是一個長期孤獨的受害者。他在寫作時，把自己的經驗通則化，認爲一個人雖然可以暫時克服孤獨的情感，但這種解脫不是永久的，甚至無法維持一段較長的時間（米尤斯科維奇，《哲學、心理學和文學中的孤獨》，9 頁）。然而，絕大多數人根本不曾體驗米尤斯科維奇描述的孤獨經驗。當然米尤斯科維奇可以反駁說，絕大多數人都在某種程度上否定了自己的基本存在條件，但我們認爲米尤斯科維奇的論點實在沒有什麼說服力。

5. Russell, *Autobiography*, p. 160, 參見 p. 137.
6. Kahneman 等 , 'A Survey Method for Characterizing Daily Life Experience: The Day Reconstruction Method'; Emler, 'Gossip, Reputation and Social Adaptation'
7. Cacioppo, Hawkley and Berntson, 'The Anatomy of Loneliness'; Wheeler, Reis and Nezlek, 'Loneliness, Social Interaction, and Sex Roles'; Hawkley 等 ., 'Loneliness in Everyday Life: Cardiovascular Activity, Psychosocial Context, and Health Behaviors'.
8. Sermat, 'Some Situational and Personality Correlates of Loneliness', p. 308.
9. Cacioppo and Patrick, *Loneliness*, p. 94.
10. 特別是 Peplau and Perlman, 'Perspectives on Loneliness'; Perlman and Peplau, 'Toward a Social Psychology of Loneliness'.
11. 參見 Russell 等 , 'Is Loneliness the Same as Being Alone?'
12. Tilburg, 'The Size of Supportive Network in Association with the Degree of Loneliness'.
13. 例見 Reis, 'The Role of Intimacy in Interpersonal Relations'.
14. 參見 Hawkley and Cacioppo, 'Loneliness Matters: A Theoretical and Empirical Review of Consequences and Mechanisms'.
15. Stillman 等 , 'Alone and Without Purpose: Life Loses Meaning Following Social Exclusion'; Williams, 'Ostracism: The Impact of Being Rendered Meaningless'
16. Baumeister and Vohs, 'The Pursuit of Meaningfulness in Life'; Heine, Proulx and Vohs, 'The Meaning Maintenance Model: On the Coherence of Social Motivations'.

17. James, *The Principles of Psychology*, vol. i, pp. 293–4.
18. Dostoyevsky, *Notes from the Underground*, p. 33.
繁體中文版　《地下室手記》，杜斯妥也夫斯基，丘光譯，櫻桃園文化，2018
19. Kierkegaard, *Sickness Unto Death*, p. 43.
繁體中文版　《致病之死：關於造就和覺醒的基督教心理學闡述》，齊克果，林宏濤譯，商周出版，2017
20. Smith, *Theory of Moral Sentiments*, p. 84.
繁體中文版　《道德情操論》，亞當・史密斯，康綠島譯，狠角舍文化，2011
21. 同上，p. 110.
22. 同上，p. 153.
23. Shaftesbury, *Characteristics of Men, Manners, Opinions, Times*, p. 215.
24. Burke, *Philosophical Inquiry into the Origin of our Ideas of the Sublime and the Beautiful*, p. 53.
繁體中文版　《崇高與美之源起》，埃德蒙・伯克，林盛彬譯，典藏藝術家庭，2012
25. Locke, *Two Treatises of Government*, p. 318.
繁體中文版　《政府論》，約翰・洛克，勞英富譯，五南，2021
26. Locke, *Of the Conduct of the Understanding*, §45, p. 285.
27. Hume, *A Treatise on Human Nature*, Book ii.ii.v, p. 363.
28. Hume, *Inquiries Concerning Human Understanding and Concerning the Principles of Morals*, p. 270.
繁體中文版　《人類理智研究》，大衛・休謨，黃懷萱譯，五南，2020
29. 例見 Cacioppo and Patrick, *Loneliness*.
30. 參見 Long and Averill, 'Solitude: An Exploration of Benefits of Being Alone', p. 38.
31. Bowlby, *Attachment and Loss*, vol. iii: Loss: *Sadness and Depression*, p. 442.
繁體中文版　《依戀理論三部曲 3：失落》，約翰・鮑比，白建磊、付琳、趙萌、梁愷欣、王益婷譯，小樹文化，2021
32. 參見 Young, 'Loneliness, Depression, and Cognitive Therapy: Theory and Application'

33. Barthes, Mourning Diary, p. 69.
繁體中文版　《哀悼日記》，羅蘭・巴特，劉俐譯，商周出版，2011

34. Murakami, Colorless: Tsukuru Tazaki and His Years of Pilgrimage.
繁體中文版　《沒有色彩的多崎作和他的巡禮之年》，村上春樹，賴明珠譯，時報出版，2013

35. Mahon and Yarcheski, 'Loneliness in Early Adolescents: An Empirical Test of Alternate Explanations'; Mahon and Yarcheski, 'Alternate Explanations of Loneliness in Adolescents: A Replication and Extension Study'.

36. Weiss, *Loneliness: The Experience of Emotional and Social Isolation*.

37. 社會孤獨與情感孤獨的另一個差異，在於焦慮與社會孤獨的相關性較強，與情感孤獨的相關性較弱。（DiTommaso and Spinner, 'Social and Emotional Loneliness: A Re-examination of Weiss' Typology of Loneliness'.）

38. Weiss, *Loneliness*, p. 48.

39. 參見 Victor and Yang, 'The Prevalence of Loneliness Among Adults: A Case Study of the United Kingdom'.

40. Geller 等 , 'Loneliness as a Predictor of Hospital Emergency Department Use'

41. Holt-Lunstad, Smith and Layton, 'Social Relationships and Mortality Risk: A Meta-Analytic Review'. 可以進一步參閱 Cacioppo and Cacioppo, 'Social Relationships and Health: The Toxic Effects of Perceived Social Isolation'

42. 關於孤獨與身體的關連性，優秀的通論性作品見 Cacioppo and Patrick, *Loneliness*, ch. 6.

43. Hawkley and Cacioppo, 'Aging and Loneliness – Downhill Quickly?'

44. Hawkley and Cacioppo, 'Perceived Social Isolation: Social Threat Vigilance and its Implication for Health', pp. 770–71.

45. Cacioppo and Patrick, *Loneliness*, p. 99.

46. 關於各種從精神病診斷的角度探討孤獨的說法，見 Coplan and Bowker 合編 , *The Handbook of Solitude: Psychological Perspectives on Social Isolation, Social Withdrawal,*

17. James, *The Principles of Psychology*, vol. i, pp. 293–4.
18. Dostoyevsky, *Notes from the Underground*, p. 33.
繁體中文版　《地下室手記》，杜斯妥也夫斯基，丘光譯，櫻桃園文化，2018
19. Kierkegaard, *Sickness Unto Death*, p. 43.
繁體中文版　《致病之死：關於造就和覺醒的基督教心理學闡述》，齊克果，林宏濤譯，商周出版，2017
20. Smith, *Theory of Moral Sentiments*, p. 84.
繁體中文版　《道德情操論》，亞當・史密斯，康綠島譯，狠角舍文化，2011
21. 同上，p. 110.
22. 同上，p. 153.
23. Shaftesbury, *Characteristics of Men, Manners, Opinions, Times*, p. 215.
24. Burke, *Philosophical Inquiry into the Origin of our Ideas of the Sublime and the Beautiful*, p. 53.
繁體中文版　《崇高與美之源起》，埃德蒙・伯克，林盛彬譯，典藏藝術家庭，2012
25. Locke, *Two Treatises of Government*, p. 318.
繁體中文版　《政府論》，約翰・洛克，勞英富譯，五南，2021
26. Locke, *Of the Conduct of the Understanding*, §45, p. 285.
27. Hume, *A Treatise on Human Nature*, Book ii.ii.v, p. 363.
28. Hume, *Inquiries Concerning Human Understanding and Concerning the Principles of Morals*, p. 270.
繁體中文版　《人類理智研究》，大衛・休謨，黃懷萱譯，五南，2020
29. 例見 Cacioppo and Patrick, *Loneliness*.
30. 參見 Long and Averill, 'Solitude: An Exploration of Benefits of Being Alone', p. 38.
31. Bowlby, *Attachment and Loss*, vol. iii: Loss: *Sadness and Depression*, p. 442.
繁體中文版　《依戀理論三部曲 3：失落》，約翰・鮑比，白建磊、付琳、趙萌、梁愷欣、王益婷譯，小樹文化，2021
32. 參見 Young, 'Loneliness, Depression, and Cognitive Therapy: Theory and Application'

33. Barthes, Mourning Diary, p. 69.
繁體中文版　《哀悼日記》，羅蘭・巴特，劉俐譯，商周出版，2011
34. Murakami, Colorless: Tsukuru Tazaki and His Years of Pilgrimage.
繁體中文版　《沒有色彩的多崎作和他的巡禮之年》，村上春樹，賴明珠譯，時報出版，2013
35. Mahon and Yarcheski, 'Loneliness in Early Adolescents: An Empirical Test of Alternate Explanations'; Mahon and Yarcheski, 'Alternate Explanations of Loneliness in Adolescents: A Replication and Extension Study'.
36. Weiss, *Loneliness: The Experience of Emotional and Social Isolation*.
37. 社會孤獨與情感孤獨的另一個差異，在於焦慮與社會孤獨的相關性較強，與情感孤獨的相關性較弱。（DiTommaso and Spinner, 'Social and Emotional Loneliness: A Re-examination of Weiss' Typology of Loneliness''.）
38. Weiss, *Loneliness*, p. 48.
39. 參見 Victor and Yang, 'The Prevalence of Loneliness Among Adults: A Case Study of the United Kingdom'.
40. Geller 等 , 'Loneliness as a Predictor of Hospital Emergency Department Use'
41. Holt-Lunstad, Smith and Layton, 'Social Relationships and Mortality Risk: A Meta-Analytic Review'. 可以進一步參閱 Cacioppo and Cacioppo, 'Social Relationships and Health: The Toxic Effects of Perceived Social Isolation'
42. 關於孤獨與身體的關連性，優秀的通論性作品見 Cacioppo and Patrick, *Loneliness*, ch. 6.
43. Hawkley and Cacioppo, 'Aging and Loneliness – Downhill Quickly?'
44. Hawkley and Cacioppo, 'Perceived Social Isolation: Social Threat Vigilance and its Implication for Health', pp. 770–71.
45. Cacioppo and Patrick, *Loneliness*, p. 99.
46. 關於各種從精神病診斷的角度探討孤獨的說法，見 Coplan and Bowker 合編，*The Handbook of Solitude: Psychological Perspectives on Social Isolation, Social Withdrawal,*

and Being Alone.

47. Cacioppo, Hawkley and Thisted, 'Perceived Social Isolation Makes Me Sad: 5-Year Cross-lagged Analyses of Loneliness and Depressive Symptomatology in the Chicago Health, Aging, and Social Relations Study'.
48. Stravynski and Boyer, 'Loneliness in Relation to Suicide Ideation and Parasuicide: A Population-wide Study'; Rojas, *Childhood Social Exclusion and Suicidal Behavior in Adolescence and Young Adulthood.*
49. Baumeister, Twenge and Nuss, 'Effects of Social Exclusion on Cognitive Processes: Anticipated Aloneness Reduces Intelligent Thought'; Baumeister 等 , 'Social Exclusion Impairs Self-regulation'; Twenge 等 , 'If You Can't Join Them, Beat Them: Effects of Social Exclusion on Aggressive Behavior'; Twenge, Catanese and Baumeister, 'Social Exclusion Causes Self-defeating Behavior'; Twenge, Catanese and Baumeister, 'Social Exclusion and the Deconstructed State: Time Perception, Meaninglessness Lethargy, Lack of Emotion, and Self-awareness'; Twenge 等 , 'Social Exclusion Decreases Prosocial Behavior'.
50. 參見 Ozcelic and Barsade, 'Work Loneliness and Employee Performance'.

2 孤獨是一種情感

1. Ben-Ze'ev, *The Subtlety of Emotions*, p. 5.
2. 同上，p. 470.
3. Eisenberger, Lieberman and Williams, 'Does Rejection Hurt? An fMRI Study of Social Exclusion'
4. MacDonald and Leary, 'Why Does Social Exclusion Hurt? The Relationship Between Social and Physical Pain'.
5. 參見 Lieberman, *Social: Why Our Brains are Wired to Connec*t, pp. 64ff.
   繁體中文版　《社交天性：探尋人類行爲的起點，爲什麼大腦天生愛社交？》，

馬修・利伯曼，林奕伶譯，大牌出版，2022
6. 這裡我要特別強調本－澤耶夫的《情感的微妙》。
7. Ekma, 'An Argument for Basic Emotions'; Solomon, 'Back to Basics: On the Very Idea of "Basic Emotions"'.
8. 參見 Ortony 等 , *The Cognitive Structure of the Emotions,* p. 27.
9. 關於這種研究取向的精采討論，見 Gross, *The Secret History of Emotion: From Aristotle's Rhetoric to Modern Brain Science.*
10. Asher and Paquette, 'Loneliness and Peer Relations in Childhood'.
11. Taylor, *Philosophical Papers, vol. i: Human Agency and Language,* p. 63.
12. Aristotle, *Nicomachean Ethics*, 1094b24.
繁體中文版　《尼各馬可倫理學》，亞里斯多德，廖申白譯，五南，2021
13. La Rochefoucauld, *Collected Maxims,* §27.
繁體中文版　《僞善是邪惡向美德的致敬：人性箴言》，弗朗索瓦・德・拉羅什福柯，黃意雯譯，八旗文化，2016
14. Heidegger, *Nietzsche*, p. 99.
15. 同上，p. 51.
16. Heidegger, Hölderlin's Hymns '*Germania*' and '*The Rhine*'.
17. Heidegger, *Pathmarks*, p. 87.
18. Heidegger, *History of the Concept of Time: Prologmena*, p. 296.
19. Beckett, *Dream of Fair to Middling Women*, p. 6.
20. Heidegger, *The Fundamental Concepts of Metaphysics: World, Finitude, Solitude*, p. 6
21. 同上，p. 67.
22. Wittgenstein, *Tractatus logico-philosophicus,* §6.43.
繁體中文版　《邏輯哲學論叢》，路德維希・維根斯坦，韓林合譯，五南，2021
23. 參見 Hawkley 等 , 'Loneliness in Everyday Life: Cardiovascular Activity, Psychosocial Context, and Health Behaviors'
24. Aristotle, *Rhetoric*, 1382a.

25. Aristotle, *Nicomachean Ethics*, 1115b.
繁體中文版　《尼各馬可倫理學》，亞里斯多德，廖申白譯，五南，2021
26. Shaver, Furman and Buhrmester, 'Transition to College: Network Changes, Social Skills, and Loneliness'.
27. Flett, Hewitt and Rosa, 'Dimensions of Perfectionism, Psychosocial Adjustment, and Social Skills'.
28. Heidegger, Being and Time, p. 148.
29. Heidegger, Hölderlin's Hymns, p. 89.
30. Heidegger, Being and Time, p. 136.
31. Heidegger, Hölderlin's Hymns, p. 142.

3　誰是孤獨的人？

1. Victor 等，'Has Loneliness amongst Older People Increased? An Investigation into Variations between Cohorts'; Victor, Scrambler and Bond, *The Social World of Older People*.
2. 參見 AARP, *Loneliness among Older Adults: A National Survey of Adults* 45+.
3. 這裡使用的資料出自 'Samordnet levekår-sundersøkelse 1980–2012'. 這些資料由挪威統計局（Statistics Norway; SSB）負責收集。挪威社會科學檔案資料中心（Norwegian Social Science Data Services; NDS）將這些資料進行整理後匿名對外公開。本書對這些資料的年代進行的分析或詮釋，與挪威統計局及挪威社會科學檔案資料中心無關，由本書作者負完全責任。十分感謝挪威公共衛生研究院的 Thomas Sevenius 協助處理統計數據。
4. 關於這些研究的概要介紹，見 Yang and Victor, 'Age and Loneliness in 25 European Nations'; Victor and Yang, 'The Prevalence of Loneliness Among Adults: A Case Study of the United Kingdom'.
5. 例見 Pinquart and Sorensen, 'Influences on Loneliness in Older Adults: A Meta-analysis'.

另一方面，還有一些研究得出老年的孤獨盛行率較低的結論，與多數研究結果相左（參見 Gibson, *Loneliness in Later Life*）。

6. Rotenberg, 'Parental Antecedents of Children's Loneliness'.
7. Cacioppo and Patrick, *Loneliness*, p. 24; Cacioppo, Cacioppo and Boomsma, 'Evolutionary Mechanisms for Loneliness'; Goossens 等 , 'The Genetics of Loneliness: Linking Evolutionary Theory to Genome-wide Genetics, Epigenetics, and Social Science'; Distel 等 , 'Familiar Resemblance for Loneliness'.
8. Lucht 等 , 'Associations between the Oxytocin Receptorgene (oxtr) and Affect, Loneliness and Intelligence in Normal Subjects'.
9. 參見 Norman 等 , 'Oxytocin Increases Autonomic Cardiac Control: Moderation by Loneliness'.
10. Halvorsen, *Ensomhet og sosial isolasjon i vår tid*, p. 84, 110.
11. Tornstam, 'Loneliness in Marriage'.
12. Yang and Victor, 'Age and Loneliness in 25 European Nations'.
13. 同上。
14. 有個例外提到，獨居男性比獨居女性更容易感到孤獨。(Olds and Schwartz, *The Lonely American*, p. 82).
15. 例見 Pinquart and Sorensen, 'Influences on Loneliness in Older Adults: A Meta-analysis'.
16. 例見 Borys and Perlman, 'Gender Differences in Loneliness'
17. Yang and Victor, 'Age and Loneliness in 25 European Nations'.
18. Olds and Schwartz, *The Lonely American*, p. 117.
19. Knut Halvorsen 在他的孤獨研究中提出兩種解釋。一開始他也認爲女性對孤獨抱持著比男性開放的態度，然而當他開始探討有身體殘疾的男孩與女孩對孤獨的感受時，他發現了另一種可能：女孩對於孤獨的看法與男孩不同。(Halvorsen, *Ensomhet og sosial isolasjon i vår tid*, pp. 114, 117.)
20. Boomsma 等 , 'Genetic and Environmental Contributions to Loneliness in Adults: The Netherlands Twin Register Study'.
21. 參見 Baumeister, *The Cultural Animal: Human Nature, Meaning, and Social Life*, p. 111.

22. Tornstam, 'Loneliness in Marriage'.
23. Vanhalst 等 , 'The Development of Loneliness from Mid- to Late Adolescence: Trajectory Classes, Personality Traits, and Psychosocial Functioning'
24. Cacioppo and Patrick, *Loneliness*, p. 94.
25. 同上，p. 30.
26. 同上，pp. 13–14. 也可見 Bell and Daly, 'Some Communicator Correlates of Loneliness'; Wanzer, Booth-Butterfield and Booth-Butterfield, 'Are Funny People Popular? An Examination of Humor Orientation, Loneliness, and Social Attraction'.
27. Teppers 等 , 'Personality Traits, Loneliness, and Attitudes toward Aloneness in Adolescence'; Cacioppo 等 , 'Loneliness within a Nomological Net: An Evolutionary Perspective'.
28. Duck, Pond and Leatham, 'Loneliness and the Evaluation of Relational Events'. 也可見 Jones, 'Loneliness and Social Contact'; Jones and Moore, 'Loneliness and Social Support'; Jones, Sanson, and Helm, 'Loneliness and Interpersonal Judgments'; Spitzberg and Canary, 'Loneliness and Relationally Competent Communication'.
29. 參見 Jones, Freemon and Goswick, 'The Persistence of Loneliness: Self and Other Determinants'.
30. Bellow, *Herzog*.
31. Kupersmidt 等 , 'Social Self-discrepancy Theory and Loneliness During Childhood and Adolescence'.
32. Lau and Gruen, 'The Social Stigma of Loneliness: Effect of Target Person's and Perceiver's Sex'; Rotenberg and Kmill, 'Perception of Lonely and Non-lonely Persons as a Function of Individual Differences in Loneliness'.
33. 參見 Hawkley 等 , 'Loneliness in Everyday Life: Cardiovascular Activity, Psychosocial Context, and Health Behaviors'.
34. Ernst and Cacioppo, 'Lonely Hearts: Psychological Perspectives on Loneliness'; Vaux, 'Social and Emotional Loneliness: The Role of Social and Personal Characteristics'.
35. Cacioppo and Patrick, *Loneliness,* p. 103.

36. 參見 Twenge 等 , 'Social Exclusion Decreases Prosocial Behavior'.
37. DeWall and Baumeister, 'Alone but Feeling no Pain: Effects of Social Exclusion on Physical Pain Tolerance and Pain Threshold, Affective Forecasting, and Interpersonal Empathy'
38. Jones, Hobbs and Hockenbury, 'Loneliness and Social Skill Deficits'.
39. Bell, 'Conversational Involvement and Loneliness'.
40. Solano, Batten and Parish, 'Loneliness and Patterns of Self-disclosure'.
41. Goswick and Jones, 'Loneliness, Self-concept, and Adjustment'.
42. Lemay and Clark, '"Walking on Eggshells": How Expressing Relationship Insecurities Perpetuates Them'.
43. Bell, 'Emotional Loneliness and the Perceived Similarity of One's Ideas and Interests'.
44. Weisbuch and Ambady, 'Affective Divergence: Automatic Responses to Others' Emotions Depend on Group Membership'.
45. 參見 Twenge and Campbell, *The Narcissism Epidemic*, pp. 191–2.
46. Shaver, Furman and Buhrmester, 'Transition to College: Network Changes, Social Skills, and Loneliness'.
47. Cacioppo and Patrick, *Loneliness*, p. 163.
48. Flett, Hewitt and Rosa, 'Dimensions of Perfectionism, Psycho-social Adjustment, and Social Skills'.
49. Næss, *Bare et menneske*, p. 37.
50. 同上，p. 7.
51. 同上，p. 213.
52. 同上，p. 132.
53. 同上，p. 250.
54. 同上，p. 250.
55. Gardner 等 , 'On the Outside Looking In: Loneliness and Social Monitoring'
56. Dandeneau 等 , 'Cutting Stress Off at the Pass: Reducing Vigilance and Responsiveness

to Social Threat by Manipulating Attention'; Murray 等 , 'Balancing Connectedness and Self-protection Goals in Close Relationships: A Levels-of-Processing Perspective on Risk Regulation'.

57. DeWall 等 , 'It's the Thought that Counts: The Role of Hostile Cognition in Shaping Aggressive Responses to Social Exclusion'.

58. Maner 等 , 'Does Social Exclusion Motivate Interpersonal Reconnection? Resolving the "Porcupine Problem"'.

4 孤獨與信任

1. 須注意，到目前爲止，釐清孤獨與信任的關係的研究仍太少。在孤獨研究中，只有少數研究探討兩者之間的關連性；在信任研究中，孤獨則依然不是研究的主題。見以下的研究：Rotenberg, 'Loneliness and Interpersonal Trust'; Rotenberg 等 , 'The Relationship between Loneliness and Interpersonal Trust during Middle Childhood'; Rotenberg 等 , 'The Relation Between Trust Beliefs and Loneliness during Early Childhood, Middle Childhood, and Adulthood'.

2. Rotenberg 等 , 'The Relation between Trust Beliefs and Loneliness during Early Childhood, Middle Childhood, and Adulthood'

3. Halvorsen, *Ensomhet og sosial isolasjon i vår tid*, p. 75.

4. Auster, *The Invention of Solitude*, p. 50.
   繁體中文版　《孤獨及其所創造的：保羅・奧斯特回憶錄》，保羅・奧斯特，吳美眞譯，天下文化，1999

5. 參見 'Loneliness in Everyday Life: Cardiovascular Activity, Psychosocial Context, and Health Behaviors'.

6. Ernst and Cacioppo, 'Lonely Hearts: Psychological Perspectives on Loneliness', and Vaux, 'Social and Emotional Loneliness: The Role of Social and Personal Characteristics'.

7. Bell, 'Emotional Loneliness and the Perceived Similarity of One's Ideas and Interests'.
8. Simmel, *The Philosophy of Money,* p. 191.
9. 不同國家對信任程度的衡量方式與衡量方式的發展，見 www.worldvaluessurvey.org/wvs.jsp.
10. OECD, 'Trust', in Society at a Glance, 2011: OECD Social Indicators, pp. 90–91.
11. 這個假定得到 Chen, 'Loneliness and Social Support of Older People in China: a Systematic Literature Review' 的支持。然而，我們須注意，這項研究隨著調查方式的不同也產生不同的結果。更進一步的討論見 Wang 等 , 'Loneliness among the Rural Older People in Anhui, China: Prevalence and Associated Factors', 以 及 Yang and Victor, 'The Prevalence of and Risk Factors for Loneliness among Older People in China'.
12. 例見 OECD, Society at a Glance, 2014: oecd Social Indicators, pp. 138ff.
13. Wollebæk and Segaard, *Sosial kapital i Norge.*
14. 一般認爲種族同質性可以創造信任，而種族多元性會降低信任，但這項結論無法說明全貌。在種族十分多元的鄰里，鄰居之間的信任程度較低，但種族多元性不一定會使一般信任程度降低。（參見 Meer and Tolsma, 'Ethnic Diversity and its Effects on Social Cohesion'.）
15. 參見 Fukuyama, *Political Order and Political Decay*, pp. 97–125, 特別參見 pp. 123ff.
繁體中文版　《政治秩序的起源：從工業革命到民主全球化的政治秩序與政治衰敗》，法蘭西斯・福山，林麗雪譯，時報出版，2020
16. Bergh and Bjørnskov, 'Historical Trust Levels Predict the Current Size of the Welfare State'.
17. Arendt, *The Origins of Totalitarianism*, p. 478.
繁體中文版　《集權主義的起源》，漢娜・鄂蘭，李雨鍾譯，商周出版，2022
18. 同上，p. 477.
19. 參見 Hosking, *Trust: A History*, ch. 1.
20. 例見 Schlögel, *Moscow,* 1937, p. 194.
21. Arendt, *The Origins of Totalitarianism*, p. 323.

繁體中文版　《集權主義的起源》，漢娜・鄂蘭，李雨鍾譯，商周出版，2022

22. Arendt, *Denktagebuch 1950 bis 1973*. Erster Band, pp. 126–7. 感謝 Helgard Mahrdt 讓我注意到這段引文。
23. Arendt, *The Human Condition*, p. 59.
繁體中文版　《人的條件》漢娜・鄂蘭，商周出版，林宏濤譯，2021
24. Aristotle, *Nicomachean Ethics*, 1161b9.
繁體中文版　《尼各馬可倫理學》，亞里斯多德，廖申白譯，五南，2021
25. Eliot, *Middlemarch*, p. 273.
26. 參見 Grimen, *Hva er tillit*, p. 109.
27. La Rochefoucauld, *Collected Maxims*, §84.
28. 同上，§86.
29. Fukuyama, Trust: The Social Virtues and the Creation of Prosperity, pp. 27, 152–3.
繁體中文版　《信任：社會德性與經濟繁榮》，法蘭西斯・福山，立緒，李宛蓉譯，2014
30. Løgstrup, *The Ethical Demand*, p. 8.
31. 參見 Hawkley 等 , 'Loneliness in Everyday Life: Cardiovascular Activity, Psychosocial Context, and Health Behaviors'.
32. Rotenberg 等 , 'The Relation between Trust Beliefs and Loneliness during Early Childhood, Middle Childhood, and Adulthood'.
33. Terrell, Terrell and von Drashek, 'Loneliness and Fear of Intimacy among Adolescents who were Taught Not to Trust Strangers during Childhood'.
34. Shallcross and Simpson, 'Trust and Responsiveness in Strain-test Situations: A Dyadic Perspective'

5 孤獨、友情與愛情

1. 例見 Caine 編 , *Friendship: A History, and May, Love: A History*.
2. Aristotle, *Politics*, 1253a.

繁體中文版　《政治學》，亞里斯多德，蕭育和譯，五南，2019

3. 同上。

4. Aristotle, *Nicomachean Ethics*, 1169b10.
繁體中文版　《尼各馬可倫理學》，亞里斯多德，廖申白譯，五南，2021

5. 同上，1156a9.

6. 同上，1156b7–12.

7. 同上，1156b25.

8. 同上，1166a30.

9. Kant, *Lectures on Ethics*, pp. 24, 27, 54.

10. Kant, *The Metaphysics of Morals*, pp. 216–17.
繁體中文版　《道德底形上學》，康德，李明輝譯，聯經出版，2015

11. 同上，p. 217.

12. Kant, *Lectures on Ethics*, pp. 185–6.

13. 同上，p. 410.

14. 同上，p. 25.

15. 同上，p. 182.

16. 同上，pp. 413–14.

17. Kant, 'On the Character of the Species', in *Anthropology from a Pragmatic Point of View*, Part ii.e, p. 184.

18. 同上，part ii.e, p. 190. 關於這點，更深入的探討見 Kant, *Lectures on Anthropology*, pp. 499–500.

19. Kant, 'Idea for a Universal History with a Cosmopolitan Purpose', p. 44. 也可見 *Metaphysics of Morals*, p. 216.
繁體中文版　《道德底形上學》，康德，李明輝譯，聯經出版，2015

20. 關於這個主題，見 Kant, *Lectures on Ethics*, p. 174.

21. Kant, *Metaphysics of Morals,* pp. 216–17.
繁體中文版　《道德底形上學》，康德，李明輝譯，聯經出版，2015

22. 同上，p. 216.
23. Kant, *Lectures on Ethics*, p. 190.
24. 特別參見 Montaigne, 'Of Solitude'.
    繁體中文版　《蒙田隨筆・第一卷》，〈論退隱〉，蒙田，馬振騁譯，五南，2019
25. Montaigne, 'Of Friendship', p. 383.
    繁體中文版　《蒙田隨筆・第一卷》，〈論友愛〉，蒙田，馬振騁譯，五南，2019
26. 同上，pp. 390–91.
27. 同上，pp. 391, 393.
28. 同上，p. 397.
29. 同上，p. 400.
30. 參見 Aristotle, Rhetoric, 1380b36.
31. Simmel, *Sociology*, p. 321.
32. Plato, *Symposium*, 189d–190a.
    繁體中文版　《會飲篇》，柏拉圖，朱光潛譯，五南，2022
33. 同上，191a–b.
34. 同上，193c.
35. *Abelard and Heloise: The Letters and Other Writings.*
36. Goethe, *The Sorrows of Young Werther*, p. 25.
    繁體中文版　《少年維特的煩惱》，歌德，管中琪譯，野人，2021
37. 同上，p. 31.
38. 同上，p. 86.
39. 同上，p. 53.
40. 同上，p. 127.
41. Heidegger, *History of the Concept of Time: Prolomegna*, pp. 296–7.
42. Milligan, *Love*, p. 3.
43. 引自 Arkins, *Builders of My Soul: Greek and Roman Themes in Yeats*, p. 148.
44. Joyce, 'A Portrait of the Artist as a Young Man' and 'Dubliners', p. 409.，例見 Milligan,

Love, pp. 16–17.
繁體中文版　《一個青年藝術家的畫像》和《都柏林人》，詹姆斯・喬伊斯，辛彩娜譯，時報出版，2022、2021
45. Baudelaire, *Paris Spleen*, pp. 51–2.
46. Mykle, *Largo*, p. 114.
47. Tolstoy, *Family Happiness and Other Stories*, p. 38.
48. Frankfurt, *The Importance of What We Care About*, p. 170.
49. Jaspers, 'The Individual and Solitude', p. 189.
50. 同上。
51. Jaspers, *Philosophie ii. Existenzerhellung*, p. 61.
52. 同上，p. 62.
53. Rilke, *Letter to a Young Poet*, p. 35
繁體中文版　《給青年詩人的信》，里爾克，馮至譯，聯經出版，2004

6　個人主義與孤獨

1. Beck and Beck-Gernsheim, *Individualization: Institutionalized Individualism and its Social and Political Consequences*, p. xxii.
2. Beck, *Risk Society*, p. 122.
3. Mill, *Principles of Political Economy with Some of their Applications to Social Philosophy*, p. 938.
4. 特別參見 Berlin, *Liberty*. 我在 *The Philosophy of Freedom*, ch.6 分析了消極自由與積極自由的概念。
5. Sen, *Rationality and Freedom*, chs 20–22.
6. 特別參見 Simmel, 'Die beiden Formen des Individualismus', and Simmel, 'Kant und der Individualismus'
7. Simmel, *Kant. Die Probleme der Geschichtsphilosophie*, p. 220.
8. Simmel, 'Die beiden Formen des Individualismus', p. 54. 齊美爾的說法本身不是沒

有道理，不過較令人驚訝的是，齊美爾其實不只一次提到，浪漫、自由的個人主義最激進的形式是由威廉・馮・洪堡（Wilhelm von Humboldt）在《國家活動界線》（*The Limits of State Action*, 1792）中發展出來的，而這部作品確實是密爾自由主義的靈感來源。密爾認為要發展獨特的人格，個人必須擁有自己的空間，而這也成為密爾政治哲學與社會哲學的核心。

9. Simmel, 'The Metropolis and Mental Life'.
10. 參見 Giddens, *Modernity and Self-identity: Self and Identity in the Late Modern* Age, p. 5, and Giddens, *The Transformations of Intimacy*, p. 30.
    繁體中文版　《現代性與自我認同》，安東尼・紀登思，趙旭東、方文譯，左岸文化，2005
    繁體中文版　《親密關係的轉變——現代社會的性、愛、慾》，安東尼・紀登思，周素鳳譯，巨流圖書公司，2003
11. Nietzsche, *The Gay Science*, §270, 參見 §335.
    繁體中文版　尼采如是說：《查拉圖斯特拉如是說》+《悲劇的誕生》+《歡悅的智慧》+《瞧，這個人》，尼采，陳永紅譯，野人，2022
12. Dostoyevsky, *Notes from the Underground*.
    繁體中文版　《地下室手記》，杜斯妥也夫斯基，丘光譯，櫻桃園文化，2018
13. 參見 Taylor, *The Ethics of Authenticity*, p. 40.
14. Mead, *Mind, Self and Society*.
15. Sandel, *Liberalism and the Limits of Justice*, p. 179.
16. 參見 Marar, *The Happiness Paradox*.
17. 參見 Klinenberg, *Going Solo*, p. 3.
    繁體中文版　《獨居時代》，艾瑞克・克林南柏格，洪世民譯，漫遊者文化，2013
18. 同上，pp. 4–5.
19. Olds and Schwartz, *The Lonely American*, p. 82.
20. EU, *Independent Living for the Ageing Society*.
21. Klinenberg, *Going Solo*, p. 160.

繁體中文版　《獨居時代》，艾瑞克・克林南柏格，洪世民譯，漫遊者文化，2013

22. 同上，p. 10.

23. Schumpeter, *Capitalism, Socialism and Democracy*, pp. 157–8.
繁體中文版　《資本主義、社會主義與民主》，熊彼得，吳良健譯，左岸文化，2003

24. Gerstel and Sarkisian, 'Marriage: The Good, the Bad, and the Greedy'; Musick and Bumpass, 'Reexamining the Case for Marriage: Union Formation and Changes in Well-being'. 也可見 Klinenberg, *Going Solo*.
繁體中文版　《獨居時代》，艾瑞克・克林南柏格，洪世民譯，漫遊者文化，2013

25. DePaulo, 'Single in a Society Preoccupied with Couples'.

26. Mellor 等 , 'Need for Belonging, Relationship Satisfaction, Loneliness, and Life Satisfaction'.

27. Klinenberg, *Going Solo*, pp. 98ff.
繁體中文版　《獨居時代》，艾瑞克・克林南柏格，洪世民譯，漫遊者文化，2013

28. Marche, 'Is Facebook Making Us Lonely?'.

29. Weber, *The Protestant Ethic and the Spirit of Capitalism*, p. 60.
繁體中文版　《基督新教倫理與資本主義精神》韋伯，康樂、簡惠美譯，遠流，2020

30. Tocqueville, *Democracy in America*, p. 884.
繁體中文版　《論美國的民主》，亞歷克西・德・托克維爾，董果良譯，五南，2022、2023

31. Fukuyama, 'The Great Disruption', *Atlantic Monthly.*

32. Putnam, *Bowling Alone*, p. 158.

33. 比較完整的介紹，見 Thompson, 'The Theory that Won't Die: From Mass Society to the Decline of Social Capital', p. 423.

34. 同上，p. 425.

35. Putnam, Bowling Alone, p. 403.

36. Fischer, *Still Connected: Family and Friends in America since 1970.* 也可見 Fischer, *Made*

in America: A Social History of American Culture and Character.

37. Fischer, *Made in America*, p. 155.
38. McPherson, Smith-Lovin and Brashears, 'Social Isolation in America: Changes in Core Discussion Networks over Two Decades'.
39. Fischer, 'The 2004 Finding of Shrunken Social Networks: An Artifact'.
40. Rokach 等 , 'The Effects of Culture on the Meaning of Loneliness'; Rokach, 'The Effect of Age and Culture on the Causes of Loneliness'.
41. Lykes and Kemmelmeier, 'What Predicts Loneliness? Cultural Difference Between Individualistic and Collectivistic Societies in Europe'.
42. De Jong Gierveld and Van Tilburg, 'The De Jong Gierveld Short Scales for Emotional and Social Loneliness: Tested on Data from Seven Countries in the un Generations and Gender Surveys'.
43. Lykes and Kemmelmeier, 'What Predicts Loneliness? Cultural Difference Between Individualistic and Collectivistic Societies in Europe'.
44. Diener and Diener, 'Cross-cultural Correlates of Life Satisfaction and Self-esteem'.
45. 參見 Beck and Beck-Gernsheim, *Individualization*, p. xxii.
46. Dreyfus, *On the Internet.*
47. Turkle, *Alone Together.*
    繁體中文版　《在一起孤獨》，雪莉・特克，洪世民譯，時報出版，2017
48. Kraut 等 , 'Internet Paradox. A Social Technology that Reduces Social Involvement and Psychological Well-being'.
49. Kraut 等 , 'Internet Paradox Revisited'.
50. Whitty and McLaughlin, 'Online Recreation: The Relationship between Loneliness, Internet Self-efficacy and the Use of the Internet for Entertainment Purposes'.
51. 參見 Rainie and Wellman, Networked: The New Social Operating System.
52. Hampton 等 , *Social Isolation and New Technology.*
53. Brandtzæg, 'Social Networking Sites: Their Users and Social Implications – A Longitudinal

Study'.

54. Amichai-Hamburger and Schneider, 'Loneliness and Internet Use'.

55. 同上。

56. Deresiewicz, 'The End of Solitude'.

57. Conley, *Elsewhere, U.S. A.*, p. 104.

7 獨處

1. 參見 Long and Averill, 'Solitude: An Exploration of Benefits of Being Alone'.

2. Galanaki, 'Are Children Able to Distinguish among the Concepts of Aloneness, Loneliness, and Solitude?'

3. Larson, 'The Emergence of Solitude as a Constructive Domain of Experience in Early Adolescence'

4. Cicero, *On Friendship*, p. 83.
   繁體中文版　《論友誼》，西塞羅，徐學庸譯，聯經出版，2007

5. Cicero, *On Duties*, Book i, ch. 43ff.
   繁體中文版　《論責任》，西塞羅，徐奕春譯，五南，2023

6. Zimmermann, *On Solitude*, vol. iv, pp. 373–4.

7. 同上，vol. i, p. 286.

8. 同上，vol. i, pp. 20, 29–30.

9. Garve, *Über Gesellschaft und Einsamkeit.*

10. 同上，vol. i, pp. 55–6.

11. 同上，vol. i, p. 99.

12. 同上，vol. i, p. 334.

13. Kant, *Critique of Judgement*, p. 87.
    繁體中文版　《判斷力批判》，康德，鄧曉芒譯，聯經出版，2020

14. Kant, *Anthropology from a Pragmatic Point of View*, Part i, §88, pp. 143–4.

15. 不只有哲學家這麼認爲。在《聖經》中，上帝也傾向對獨處的人傳遞訊息。摩西獨自在西奈山（Sinai）上四十天，因而獲得上帝口授《妥拉》（*Torah*）。保羅在前往大馬士革途中，在獨處時獲得啟示。耶穌無疑是個社會人物，但他也常常獨自禱告，而他也要求自己的弟子這麼做。基督教早期的聖人遠離人群前往荒野，他們想經歷耶穌曾經經歷過的試煉，想透過孤立來與上帝建立更緊密的連結。穆罕默德獨自在光明山（Jabal al-Nour）的洞穴裡獲得他的第一個啟示。總而言之，啟示似乎都是在獨處時出現的。

16. Descartes, *A Discourse on the Method of Correctly Conducting One's Reason and Seeking Truth in the Sciences*, p. 27.
繁體中文版　《談談方法》，笛卡兒，彭基相譯，五南，2020

17. Aristotle, *Nicomachean Ethics*, 1177a–b.
繁體中文版　《尼各馬可倫理學》，亞里斯多德，廖申白譯，五南，2021

18. 例見 Eckhart, 'On Detachment.'

19. 參見 St John of the Cross, *Dark Night of the Soul,* chs vi–vii, pp. 52–7.
繁體中文版　《聖十字若望・心靈的黑夜：靈魂在成全的境界之前，必須經歷這些考驗》，十字若望，加爾默羅聖衣會譯，星火文化，2018

20. Petrarch, *The Life of Solitude.*

21. 同上，p. 131.

22. Montaigne, 'Of Solitude', p. 481.
繁體中文版　《蒙田隨筆・第一卷》，〈論退隱〉，蒙田，馬振騁譯，五南，2019

23. 同上，pp. 488–9.

24. 同上，p. 485.

25. 同上，p. 498.

26. 參見 Montaigne, 'Of Three Commerces', pp. 1220–21.
繁體中文版　《蒙田隨筆・第三卷》，〈論三種交往〉，蒙田，馬振騁譯，五南，2019

27. Emerson, 'Nature'.

28. Emerson, 'Experience', p. 322.

29. Wordsworth, *The Prelude,* Book 4, ll. 354–8, p. 161.

30. Schopenhauer, *Parerga and Paralipomena*, i, p. 24.

31 同上，p. 26.

32. 同上。

33. 同上，pp. 28–9.

34. 同上，p. 27.

35. Nietzsche, *Daybreak*, §491, p. 201.

36. Nietzsche, *Human, All too Human*, vol. ii, §333, p. 344. 參見 Nietzsche, *Daybreak*, §566, p. 227.

37. Nietzsche, *Thus Spoke Zarathustra*, p. 49.
繁體中文版 《查拉圖斯特拉如是說》，尼采，錢春綺譯，大家出版，2014

38. Nietzsche, *Beyond Good and Evil,* §284, p. 171.
繁體中文版 《善惡的彼岸：一個未來哲學的序曲》，尼采，趙千帆譯，大家出版，2015

39. 同上，§25, p. 26.

40. Nietzsche, *Daybreak,* §443, p. 188.

41. Nietzsche, *Thus Spoke Zarathustra*, p. 255.
繁體中文版 《查拉圖斯特拉如是說》，尼采，錢春綺譯，大家出版，2014

42. Nietzsche, *Nachgelassene Fragmente,* 1880–1882, p. 110.

43. Heidegger, *The Basic Problems of Phenomenology,* §10, p. 78.

44. Heidegger, *Plato's Sophist*, p. 36.

45. Heidegger, *Being and Time, p. 115; Heidegger, History of the Concept of Time: Prolegomena*, p. 238.

46. Heidegger, *Being and Time*, pp. 116–17.

47. Heidegger, *History of the Concept of Time: Prolegomena*, pp. 317–18.

48. Heidegger, *Being and Time*, p. 254

49. 同上，p. 240.

50. Heidegger, *History of the Concept of Time: Prolegomena*, pp. 317–18.

51. Heidegger, *Being and Time*, p. 182. 參見 Heidegger, *Ontology: The Hermeneutics of Facticity*, pp. 6–7.

52. Heidegger, *Logic as the Question Concerning the Essence of Language*, p. 45.

53. Heidegger, *The Fundamental Concepts of Metaphysics: World, Finitude, Solitude*, p. 6.

54. Heidegger, *What is Called Thinking?*, p. 169.

55. Rousseau, *Reveries of the Solitary Walker.*

    繁體中文版　《一個孤獨漫步者的遐想》，盧梭，袁筱一譯，自由之丘，2020

56. 同上，p. 1.

57. 同上，p. 84.

58. Rousseau, *Emile, or, On Education*, p. 39.

    繁體中文版　《愛彌兒》，盧梭，李平漚譯，五南，2012

59. 換言之，與霍布斯（Thomas Hobbes）的說法完全相反。霍布斯描述在自然狀態下，人類的生活是「孤獨的、貧窮的、汙穢的、野蠻的與短暫的」（Hobbes, *Leviathan*, p. 76）。

    繁體中文版　《利維坦》，湯瑪斯・霍布斯，莊方旗譯，五南，2021

60. Kant, 'Conjectural Beginning of Human History', p. 174.

61. Rousseau, *Discourse on Inequality*, p. 41.

    繁體中文版　《論人類不平等的起源和基礎》，盧梭，張露譯，五南，2019

62. 同上，pp. 34–5.

63. Thoreau, *Walden*, p. 131.

    繁體中文版　《湖濱散記》，亨利・梭羅，林麗雪譯，野人，2020

64. Abbey, *Desert Solitaire: A Season in the Wilderness.*

65. Thoreau, *Walden,* p. 131.

    繁體中文版　《湖濱散記》，亨利・梭羅，林麗雪譯，野人，2020

66. Hayek, *The Constitution of Liberty,* p. 61.

67. 參見 Ariès and Duby 合編 , A *History of Private Life*; Weintraub and Kumar 合編 ,

Public and Private in Thought and Practice.

68. 參見 Moore, Jr, *Privacy.*
69. Mill, *Principles of Political Economy*, p. 756.
70. Long and Averill, 'Solitude: An Exploration of Benefits of Being Alone', p. 30.
71. 參見 Sartre, *Being and Nothingness*, pp. 347ff.
    繁體中文版　《存在與虛無》，沙特，陳宣良、杜小真譯，左岸文化，2012
72. 同上，p. 321.
73. 同上，p. 320.
74. Larson, 'The Solitary Side of Life: An Examination of the Time People Spend Alone from Childhood to Old Age'.
75. Hammitt, Backman and Davis, 'Cognitive Dimensions of Wilderness Privacy: An 18-year Trend Comparison'.
76. Fichte, 'Some Lectures Concerning the Scholar's Vocation'.
77. Fichte, *The System of Ethics*, p. 262.
78. Duras, *Writing*, p. 2.
    繁體中文版　《寫作》，瑪格麗特・莒哈絲，桂裕芳譯，聯經出版，2006
79. Leary 等 , 'Finding Pleasure in Solitary Activities: Desire for Aloneness or Disinterest in Social Contact?'
80. Russell, *Unpopular Essays*, pp. 67–8.
81. Marquard, ‘Plädoyer für die Einsamkeitsfähigkeit’.
82. 同上，p. 120. 也可見 Marquard, *Farewell to Matters of Principle*, p. 16.
83. Kant, 'An Answer to the Question: What is Enlightenment?', p. 41.
84. Pascal, *Pensées*, pp. 39–40.
    繁體中文版　《思想錄》，帕斯卡爾，何兆武譯，五南，2020
85. Wilson 等 , 'Just Think: The Challenges of the Disengaged Mind'.
86. Nietzsche, *Daybreak*, §443, p. 188.
87. Macho, 'Mit sich allein. Einsamkeit als Kulturtechnik'. 也可見 Sloterdijk, *You Must Change*

Your Life, pp. 361ff.

88. Butler, 'A Melancholy Man', p. 59.

89. Csikszentmihalyi, *Creativity*, pp. 65–6.
繁體中文版　《創造力》，米哈里・契克森米哈伊，杜明城譯，時報出版，1999

90. 同上，p. 177.

91. Arendt, *The Origins of Totalitarianism*, p. 475.
繁體中文版　《集權主義的起源》，漢娜・鄂蘭，李雨鍾譯，商周出版，2022

92. Arendt, *The Human Condition*, p. 226.
繁體中文版　《人的條件》漢娜・鄂蘭，商周出版，林宏濤譯，2021

93. 同上，p. 75.

94. Arendt, *The Origins of Totalitarianism*, p. 476.
繁體中文版　《集權主義的起源》，漢娜・鄂蘭，李雨鍾譯，商周出版，2022

95. Arendt, *The Life of the Mind, vol. i: Thinking*, p. 185.
繁體中文版　《心智生命》，漢娜・鄂蘭，蘇友貞譯，立緒，2007

96. Hauge, 'Attum einsemds berg'

8　孤獨與責任

1. Heinrich and Gullone, 'The Clinical Significance of Loneliness: A Literature Review'

2. Didion, *Play It as It Lays*, pp. 122–3.

3. Stillman 等 , 'Alone and Without Purpose: Life Loses Meaning Following Social Exclusion'; Williams, 'Ostracism: The Impact of Being Rendered Meaningless'.

4. Baumeister and Vohs, 'The Pursuit of Meaningfulness in Life'; Heine, Proulx and Vohs, 'The Meaning Maintenance Model: On the Coherence of Social Motivations'

5. Baumeister and Leary, 'The Need to Belong: Desire for Interpersonal Attachments as a Fundamental Human Motivation', p. 497. 更進一步的說明，見 Baumeister, *The Cultural*

Animal.

6. Gere and MacDonald, 'An Update of the Empirical Case for the Need to Belong'; Mellor 等 , 'Need for Belonging, Relationship Satisfaction, Loneliness, and Life Satisfaction'; Kelly, 'Individual Differences in Reactions to Rejection'.
7. Slater, *The Pursuit of Loneliness*, p. 5.
8. Hegel, 'Introduction to Aesthetics', in Hegel's *Aesthetics*, p. 66.
   繁體中文版　《美學》，黑格爾，朱光潛譯，五南，2018
9. Aristotle, *Nicomachean Ethics*, 1114b22.
   繁體中文版　《尼各馬可倫理學》，亞里斯多德，廖申白譯，五南，2021
10. Frankfurt, *Taking Ourselves Seriously and Getting it Right*, p. 7.
11. 如理查・桑內特（Richard Sennett）所言，「今日，人們抱持的主導原則是：人與人之間維持緊密關係是一種道德上的善。今日，人們的主導渴望是透過與他人的緊密來往與溫情對待來培養一個人的人格。今日，人們的主導神話是社會的邪惡可以理解爲非人格、疏離與冷淡造成的邪惡。上述三個要件共同構成了親密的意識形態：所有的社會關係愈靠近每個人內在的心理關切，這些社會關係就更加眞實、可信與本眞。親密的意識形態把政治範疇轉變成心理學範疇。親密的意識形態定義了一個沒有神的社會的人道主義精神：溫情就是我們的神。」（Sennett, *The Fall of Public Man*, p. 259）。
    繁體中文版　《再會吧！公共人》，理查・桑內特，萬毓澤、國立編譯館譯，群學，2008
12. Pascal, *Pensées*, pp. 61–2.
13. Elias, *The Loneliness of the Dying*, p. 66.
14. Bjørneboe, *The Bird Lovers*, p. 153.
15. Lawrence, *Late Essays and Articles*, pp. 297–8.
16. Ford, *Canada*, p. 292.

參考書目
Bibliography

A

AARP, *Loneliness among Older Adults: A National Survey of Adults* 45+,www.aarp.org/content/dam/aarp/research/surveys_statistics/general/2012/loneliness_2010.pdf

Abbey, Edward, *Desert Solitaire: A Season in the Wilderness* [1968] (New York, 1985)

繁體中文版　《沙漠隱士》，愛德華・艾比，唐勤譯，天下文化， 2000

Abelard, Pierre, and Heloise, *Abelard and Heloise: The Letters and Other Writings*, trans. and intro. William Levitan (Indianapolis, in, and Cambridge, 2007)

Amichai-Hamburger, Yair, and Barry H. Schneider, 'Loneliness and Internet Use', in *The Handbook of Solitude: Psychological Perspectives on Social Isolation, Social Withdrawal, and Being Alone*, ed. Robert J. Coplan and Julie C. Bowker (Malden, ma, and Oxford, 2014)

Arendt, Hannah, *Denktagebuch 1950 bis 1973. Erster Band* (Munich and Zürich, 2002)

——, *The Human Condition*, 2nd edn, intro. Margaret Canovan [1958] (Chicago, il, 1998)

繁體中文版　《人的條件》漢娜・鄂蘭，商周出版，林宏濤譯，2021

——, *The Life of the Mind,* vol. i: Thinking (San Diego, ca, New York and London, 1977)

繁體中文版　《心智生命》，漢娜・鄂蘭，蘇友貞譯，立緒，2007

——, *The Origins of Totalitarianism* (San Diego, ca, New York and London, 1979)

繁體中文版　《集權主義的起源》，漢娜・鄂蘭，李雨鍾譯，商周出版，2022

Ariès, Philippe, and Georges Duby, eds, *A History of Private Life*, 5 vols (Cambridge, ma, 1992)

Aristotle, *Nicomachean Ethics*, trans. and ed. Roger Crisp (Cambridge and New York, 2000)

繁體中文版　《尼各馬可倫理學》，亞里斯多德，廖申白譯，五南，2021

——, *Rhetoric,* trans. W. Rhys Roberts, ed. W. D. Ross (New York, 2010)

——, *Politics*, 2nd edn, trans. and intro. Carnes Lord (Chicago, il, and London, 2013)

繁體中文版　《政治學》，亞里斯多德，蕭育和譯，五南，2019

Arkins, Brian, *Builders of My Soul: Greek and Roman Themes in Yeats* (Savage, md, 1990)

Asher, Steven R., and Julie A. Paquette, 'Loneliness and Peer Relations in Childhood', *Current Directions in Psychological Science*, 3 (2003)

Auster, Paul, *The Invention of Solitude* (New York, 1982)

繁體中文版　《孤獨及其所創造的：保羅・奧斯特回憶錄》，保羅・奧斯特，吳美眞譯，天下文化，1999

Aydinonat, Denise, et al., 'Social Isolation Shortens Telomeres in African Grey Parrots (*Psittacus erithacus erithacus*)', *plos one*, 9 (2014)

B

Barthes, Roland, *Mourning Diary*, trans. Richard Howard (New York, 2010)

繁體中文版　《哀悼日記》，羅蘭・巴特，劉俐譯，商周出版，2011

Baudelaire, Charles, *Paris Spleen: Little Poems in Prose*, trans. Keith Waldrop (Middletown, ct, 2009)

繁體中文版　《巴黎的憂鬱：波特萊爾：孤獨的說明書，寂寞的指南針》，夏爾・皮耶・波特萊爾，胡小躍譯，方舟文化，2019

Baumeister, Roy F., *The Cultural Animal: Human Nature, Meaning, and Social Life* (Oxford, 2005)

——, and Mark R. Leary, 'The Need to Belong: Desire for Interpersonal Attachments as a Fundamental Human Motivation', *Psychological Bulletin,* 3 (1995)

——, Jean M. Twenge and Christopher K. Nuss, 'Effects of Social Exclusion on Cognitive Processes: Anticipated Aloneness Reduces Intelligent Thought', *Journal of Personality*

and Social Psychology, 83 (2002)

——, and Kathleen D. Vohs, 'The Pursuit of Meaningfulness in Life', in *Handbook of Positive Psychology,* ed. C. R. Snyder and Shane J. Lopez (New York, 2002)

——, et al., 'Social Exclusion Impairs Self-regulation', *Journal of Personality and Social Psychology*, 88 (2005)

Beck, Ulrich, *Risk Society Towards a New Modernity* (London, 1992)

——, and Elisabeth Beck-Gernsheim, *Individualization: Institutionalized Individualism and its Social and Political Consequences* (London, 2002)

Beckett, Samuel, *Dream of Fair to Middling Women* (Dublin, 1992)

Bell, Brad, 'Emotional Loneliness and the Perceived Similarity of One's Ideas and Interests', *Journal of Social Behavior and Personality*, 2 (1993)

Bell, Robert A., 'Conversational Involvement and Loneliness', *Communication Monographs*, 52 (1985)

——, and J. A. Daly, 'Some Communicator Correlates of Loneliness

——, *Politics*, 2nd edn, trans. and intro. Carnes Lord (Chicago, il, and London, 2013)

Barthes, Roland, *Mourning Diary*, trans. Richard Howard (New York, 2010)

Baudelaire, Charles, *Paris Spleen: Little Poems in Prose*, trans. Keith Waldrop (Middletown, ct, 2009)

Baumeister, Roy F., *The Cultural Animal: Human Nature, Meaning, and Social Life* (Oxford, 2005)

——, and Mark R. Leary, 'The Need to Belong: Desire for Interpersonal Attachments as a Fundamental Human Motivation', *Psychological Bulletin*, 3 (1995)

——, Jean M. Twenge and Christopher K. Nuss, 'Effects of Social Exclusion on Cognitive Processes: Anticipated Aloneness Reduces Intelligent Thought', *Journal of Personality and Social Psychology*, 83 (2002)

——, and Kathleen D. Vohs, 'The Pursuit of Meaningfulness in Life', in *Handbook of Positive Psychology*, ed. C. R. Snyder and Shane J. Lopez (New York, 2002)

——, et al., 'Social Exclusion Impairs Self-regulation', *Journal of Personality and Social Psychology*, 88 (2005)

Beck, Ulrich, *Risk Society Towards a New Modernity* (London, 1992)

——, and Elisabeth Beck-Gernsheim, *Individualization: Institutionalized Individualism and its Social and Political Consequences* (London, 2002)

Beckett, Samuel, *Dream of Fair to Middling Women* (Dublin, 1992)

Bell, Brad, 'Emotional Loneliness and the Perceived Similarity of One's Ideas and Interests', *Journal of Social Behavior and Personality*, 2 (1993)

Bell, Robert A., 'Conversational Involvement and Loneliness', *Communication Monographs*, 52 (1985)

——, and J. A. Daly, 'Some Communicator Correlates of Loneliness and Social Relations Study', *Psychology and Aging*, 2 (2010)

——, et al., 'Loneliness Within a Nomological Net: An Evolutionary Perspective', *Journal of Research in Personality*, 40 (2006)

C

Caine, Barbara, ed., *Friendship: A History* (London and Knoxville, tn, 2009)

Cassirer, Ernst: *An Essay on Man: An Introduction to a Philosophy of Human Culture* (New Haven, ct, and London, 1972)

Chen, Xinyin, and Doran C. French, ‘Children’s Social Competence in Cultural Context’, *Annual Review of Psychology*, 59 (2008)

Chen, Yu, 'Loneliness and Social Support of Older People in China: A Systematic Literature Review', *Health and Social Care in the Community*, 2 (2014)

Cicero, Marcus Tullius, *On Duties*, ed. M. T. Griffin and E. M. Atkins (Cambridge, 1991)

繁體中文版　《論責任》，西塞羅，徐奕春譯，五南，2023

——, *On Old Age and On Friendship*, trans. Frank O. Copley (Ann Arbor, mi, 1971)

繁體中文版　《論友誼》，西塞羅，徐學庸譯，聯經出版，2007

Cioran, Emil, *Drawn and Quartered*, trans. Richard Howard (New York, 2012)

Conley, Dalton, *Elsewhere, usa: How We Got from the Company Man, Family Dinners, and the Affluent Society to the Home Office, BlackBerry Moms, and Economic Anxiety* (New York, 2009)

Coplan, Robert J., and Julie C. Bowker, eds, *The Handbook of Solitude, Psychological Perspectives on Social Isolation, Social Withdrawal, and Being Alone* (Malden, ma, and Oxford, 2014)

Csikszentmihalyi, Mihaly, *Creativity: The Psychology of Discovery and Invention* (New York, 1996)

繁體中文版　《創造力》，米哈里・契克森米哈伊，杜明城譯，時報出版，1999

D

Dandeneau, Stéphane D., et al., 'Cutting Stress Off at the Pass: Reducing Vigilance and Responsiveness to Social Threat by Manipulating Attention', *Journal of Personality and Social Psychology*, 4 (2007)

DePaulo, Bella, 'Single in a Society Preoccupied with Couples', in *The Handbook of Solitude: Psychological Perspectives on Social Isolation, Social Withdrawal, and Being Alone*, ed. Robert J. Coplan and Julie C. Bowker (Malden, ma, and Oxford, 2014)

Deresiewicz, William, 'The End of Solitude', *The Chronicle of Higher Education*, 30 January 2009, http://chronicle.com/article/The-End-of-Solitude/3708

Descartes, René, *A Discourse on the Method of Correctly Conducting One's Reason and Seeking Truth in the Sciences*, trans. Ian Mclean (Oxford, 2006)

繁體中文版　《談談方法》，笛卡兒，彭基相譯，五南，2020

DeWall, C. Nathan and Roy F. Baumeister, 'Alone but Feeling No Pain: Effects of Social Exclusion on Physical Pain Tolerance and Pain Threshold, Affective Forecasting, and Interpersonal Empathy', *Journal of Personality and Social Psychology*, 1 (2006)

——, et al., 'It's the Thought that Counts: The Role of Hostile Cognition in Shaping Aggressive Responses to Social Exclusion', *Journal of Personality and Social Psychology*, 1

(2009)

Didion, Joan, *Play It as It Lays* (London, 2001)

Diener, Ed, and Marissa Diener, 'Cross-cultural Correlates of Life Satisfaction and Self-esteem', *Journal of Personality and Social Psychology*, 68 (1995)

Distel, Marijn A., et al., 'Familiar Resemblance for Loneliness', *Behavior Genetics*, 4 (2010)

DiTommaso, Enrico, and Barry Spinner, 'Social and Emotional Loneliness: A Re-examination of Weiss' Typology of Loneliness', *Personality and Individual Differences*, 3 (1997)

Dostoyevsky, Fyodor, Notes from the Underground, trans. Constance Garnett, ed. Charles Guignon and Kevin Aho (Indianapolis, in, and Cambridge, 2009)

繁體中文版　《地下室手記》，杜斯妥也夫斯基，丘光譯，櫻桃園文化，2018

Dreyfus, Hubert, *On the Internet,* 2nd edn (London, 2008)

Duck, Steve, Kris Pond and Geoff Leatham, 'Loneliness and the Evaluation of Relational Events', *Journal of Social and Personal Relationships*, 11 (1994)

Duras, Marguerite, *Writing*, trans. Mark Polizzotti (Cambridge, ma, 1998)

繁體中文版　《寫作》，瑪格麗特・莒哈絲，桂裕芳譯，聯經出版，2006

E

Eckhart, Meister, *Selected Writings*, trans. Oliver Davies (New York and London, 1994)

Eisenberger, Naomi I., Matthew D. Lieberman and Kipling D. Williams, 'Does Rejection Hurt? An fmri Study of Social Exclusion', *Science,* 302 (2003)

Elias, Norbert, *The Loneliness of the Dying*, trans. Edmund Jephcott (New York, 2001)

Eliot, George, *Middlemarch* (New York and London, 2000)

Eliot, T. S., *The Cocktail Party*, in *The Complete Poems and Plays* (London, 1987)

Emerson, Ralph Waldo, 'Experience', in *The Essential Writings of Ralph Waldo Emerson* (New York, 2000)

——, 'Nature', in *The Essential Writings of Ralph Waldo Emerson* (New York, 2000)

Emler, Nick, 'Gossip, Reputation and Social Adaptation', in *Good Gossip,* ed. Robert F.

Goodman and Aaron Ben-Ze'ev (Lawrence, ks, 1994)

Ernst, John M., and John T. Cacioppo, 'Lonely Hearts: Psychological Perspectives on Loneliness', *Applied and Preventive Psychology,* 8 (1999)

EU, *Independent Living for the Ageing Society*, 2010,http://ec.europa.eu/information_society/activities/ict_psp/documents/independent_living.pdf

F

Fichte, Johann Gottlieb, 'Some Lectures Concerning the Scholar's Vocation', in *Early Philosophical Writings*, trans. and ed. Daniel Breazeale (Ithaca, ny, 1988)

——, *The System of Ethics*, trans. and ed. Daniel Breazeale and Günther Zöller (Cambridge, 2005)

Findlay, Robyn A., 'Interventions to Reduce Social Isolation Amongst Older People: Where is the Evidence?', *Ageing and Society*, 23 (2003)

Fischer, Claude S., 'The 2004 Finding of Shrunken Social Networks: An Artifact', *American Social Review*, 74 (2009)

——, *Still Connected: Family and Friends in America Since 1970* (New York, 2011)

——, *Made in America: A Social History of American Culture and Character* (Chicago, 2010)

Flett, Gordon L., Paul L. Hewitt and Tessa De Rosa, 'Dimensions of Perfectionism, Psychosocial Adjustment, and Social Skills', *Personality and Individual Differences*, 2 (1996)

Folkehelseinsituttet, 'Sosial støtte og ensomhet – faktaark', Oslo, 2015, www.fhi.no/tema/psykisk-helse/sosial-stotte-og-ensomhet

Ford, Richard, *Canada* (London, 2012)

Frankfurt, Harry G., *Taking Ourselves Seriously and Getting it Righ*t (Stanford, ca, 2006)

——, *The Importance of what We Care About* (Cambridge, 1998)

——, *The Reasons of Love* (Princeton, nj, and New York, 2004)

Fukuyama, Francis, 'The Great Disruption', *Atlantic Monthly* (May 1999)

——, *Political Order and Political Decay* (London, 2014)

繁體中文版　《政治秩序的起源：從工業革命到民主全球化的政治秩序與政治衰敗》，法蘭西斯・福山，林麗雪譯，時報出版，2020

——, *Trust: The Social Virtues and the Creation of Prosperity* (New York, 1996)

繁體中文版　《信任：社會德性與經濟繁榮》，法蘭西斯・福山，立緒，李宛蓉譯，2014

G

Galanaki, Evangelia P., 'Are Children Able to Distinguish among the Concepts of Aloneness, Loneliness, and Solitude?', *International Journal of Behavioural Development*, 5 (2004)

Gardner, Wendi L., et al., 'On the Outside Looking In: Loneliness and Social Monitoring', *Personality and Social Psychology Bulletin*, 11 (2005)

Garve, Christian, *Ueber Gesellschaft und Einsamkeit,* vol. ii (Breslau, 1979/1800)

Geller, Jeffrey S., et al., 'Loneliness as a Predictor of Hospital Emergency Department Use', *Journal of Family Practice*, 12 (1999)

Gere, Judith, and Geoff MacDonald, 'An Update of the Empirical Case for the Need to Belong', *Journal of Individual Psychology*, 66 (2010)

Gerstel, Naomi, and Natalia Sarkisian, 'Marriage: The Good, the Bad, and the Greedy', *Contexts*, 4 (2006)

Gibson, Hamilton B., *Loneliness in Later Life* (London, 2000)

Giddens, Anthony, *Modernity and Self-identity: Self and Identity in the Late Modern Age* (Cambridge, 1991)

繁體中文版　《現代性與自我認同》，安東尼・紀登思，趙旭東、方文譯，左岸文化，2005

——, *The Transformations of Intimacy* (Oxford, 1992)

繁體中文版　《親密關係的轉變——現代社會的性、愛、慾》，安東尼・紀登思，周素鳳譯，巨流圖書公司，2003

Goethe, Johann Wolfgang von, The Sorrows of Young Werther, trans. Michael Hulse (London and New York, 1989)

繁體中文版　《少年維特的煩惱》，歌德，管中琪譯，野人，2021

Goossens, Luc, et al., 'The Genetics of Loneliness: Linking Evolutionary Theory to Genome-wide Genetics, Epigenetics, and Social Science', *Perspectives on Psychological Science,* 3 (2015)

Goswick, Ruth Ann, and Warren H. Jones, 'Loneliness, Self-concept, and Adjustment', Journal of Psychology, 107 (1981)

Grimen, Harald, *Hva er tillit* (Oslo, 2009)

Gross, Daniel M., *The Secret History of Emotion: From Aristotle's Rhetoric to Modern Brain Science* (Chicago, il, 2006)

H

Halvorsen, Knut, *Ensomhet og sosial isolasjon i vår tid* (Oslo, 2005)

Hammitt William E., Kenneth F. Backman and T. Jason Davis, 'Cognitive Dimensions of Wilderness Privacy: An 18-year Trend Comparison', *Leisure Sciences*, 4 (2001)

Hampton, Keith, et al., *Social Isolation and New Technology*, Pew Research Center, Washington, dc, 2009, www.pewinternet.org/Reports/2009/18--Social-Isolation-and-New-Technology.aspx

Hauge, Olav H., 'Attum einsemds berg', in *Dikt i samling* (Oslo, 1996)

Hawkley, Louise C., and John T. Cacioppo, 'Aging and Loneliness – Downhill Quickly?', *Current Directions in Psychological Science*, 4 (2007)

——, and John T. Cacioppo, 'Loneliness Matters: A Theoretical and Empirical Review of Consequences and Mechanisms', *Annals of Behavioral Medicine*, 2 (2010)

——, and John T. Cacioppo, 'Perceived Social Isolation: Social Threat Vigilance and its Implication for Health', in *The Oxford Handbook of Social Neuroscience*, ed. Jean Decety and John T. Cacioppo (Oxford and New York, 2001)

——, et al., 'Loneliness in Everyday Life: Cardiovascular Activity, Psychosocial Context,

and Health Behaviors', *Journal of Person¬ality and Social Psychology*, 1 (2003)

Hayek, Friedrich A., *The Collected Works of F. A. Hayek, vol. xvii: The Constitution of Liberty*, ed. Ronald Hamowy (Chicago, il, 2011)

Hegel, G.W.F., *Hegel's Aesthetics: Lectures on Fine Art*, vol. i, trans. T. M. Knox (Oxford, 1975)
繁體中文版 《美學》，黑格爾，朱光潛譯，五南，2018

Heidegger, Martin, *The Basic Problems of Phenomenology*, trans. Albert Hofstadter (Bloomington, in, 1988)

——, *Being and Time*, trans. Joan Stambaugh (Albany, ny, 2010)

——, *The Fundamental Concepts of Metaphysics: World, Finitude, Solitude*, trans. William McNeill and Nicholas Walker (Bloomington, in, 1995)

——, *History of the Concept of Time: Prologmena*, trans. Theodore Kisiel (Bloomington, in, 1992)

——, *Hölderlin's Hymns 'Germania' and 'The Rhine'*, trans. William McNeill and Julia Ireland (Bloomington, in, 2014)

——, *Nietzsche, vol. i: The Will to Power as Art*e, trans. Wanda Torres Gregory and Yvonne Unna (Albany, ny, 2009)

——, *Nietzsche, vol. i: The Will to Power as Art*, trans. David Farrell Krell (New York, 1991)

——, *Ontology: The Hermeneutics of Facticity*, trans. John van Buren (Bloomington, in, 1999)

——, *Pathmarks*, trans. and ed. William McNeill (Cambridge, 1998)

——, *Plato's Sophist*, trans. Richard Rojcewicz and André Schuwer (Bloomington, in, 2003)

——, *What is Called Thinking?*, trans. J. Glenn Gray (New York, 1968)

Heine, Steven J., Travis Proulx and Kathleen D. Vohs, ' The Meaning Maintenance Model: On the Coherence of Social Motivations', *Personality and Social Psychology Review*, 2 (2006)

Heinrich, Liesl M., and Eleonora Gullone, 'The Clinical Significance of Loneliness: A Literature Review', *Clinical Psychology Review*, 6 (2006)

Hobbes, Thomas, *Leviathan*, ed. Edwin Curley (Indianapolis, in, 1994)

繁體中文版　《利維坦》，湯瑪斯・霍布斯，莊方旗譯，五南，2021
Holt-Lunstad, Julianne, Timothy B. Smith and J. Bradley Layton, 'Social Relationships and Mortality Risk: A Meta-analytic Review], p*los Medicine*, 7 (2010)
Hosking, Geoffrey, *Trust: A History* (Oxford, 2014)
Hume, David, *A Treatise of Human Natur*e, ed. L. A. Selby-Bigge, 2nd edn (Oxford, 1978)
——, *Enquiries Concerning Human Understanding and Concerning the Principles of Morals* (Oxford, 1975)
繁體中文版　《人類理智研究》，大衛・休謨，黃懷萱譯，五南，2020
Høie, Bent, 'En viktig vaksine', www.mentalhelse.no/psykobloggen/alle-blogginnlegg/en-viktig-vaksine

J

James, William, *The Principles of Psychology*, vol. i [1890] (New York, 2007)
Jaspers, Karl, *Philosophie ii. Existenzerhellung* (Heidelberg, Berlin and New York, 1973)
——, ' The Individual and Solitude,' trans. Mario Wenning and Betinno Bergoed, *Phaenex*, 6 (2011)
John of the Cross, St, *Dark Night of the Soul*, trans. E. Allison Peers (New York, 1959)
繁體中文版　《聖十字若望・心靈的黑夜：靈魂在成全的境界之前，必須經歷這些考驗》，十字若望，加爾默羅聖衣會譯，星火文化，2018
Jones, Warren H., 'Loneliness and Social Contact', *Journal of Social Psychology*, 113 (1981)
——, J. E. Freemon and Ruth Ann Goswick, 'The Persistence of Loneliness: Self and Other Determinants', *Journal of Personality,* 1 (1981)
——, Steven A. Hobbs and Don Hockenbury, 'Loneliness and Social Skill Deficits', *Journal of Personality and Social Psychology*, 4 (1982)
——, and T. L. Moore, 'Loneliness and Social Support', *Journal of Social Behavior and Personality*, 2 (1987)
——, Carol Sansone, and Bob Helm, 'Loneliness and Interpersonal Judgments', *Personality*

and Social Psychology Bulletin, 9 (1983)

Jong Gierveld, Jenny De, and Van Tilburg, 'The De Jong Gierveld Short Scales for Emotional and Social Loneliness: Tested on Data from Seven Countries in the un Generations and Gender Surveys', *European Journal of Ageing*, 2 (2010)

Joyce, James, '*A Portrait of the Artist as a Young Man*', and '*Dubliners*'(New York, 2004)
繁體中文版　《一個青年藝術家的畫像》和《都柏林人》，詹姆斯・喬伊斯，辛彩娜譯，時報出版，2022、2021

K

Kahneman, Daniel, et al., 'A Survey Method for Characterizing Daily Life Experience: the Day Reconstruction Method', *Science*, 3 (2004)

Kant, Immanuel, 'An Answer to the Question: What is Enlightenment?', in *Perpetual Peace and Other Essays*, trans. Ted Humphrey(Indianapolis, in, 1983)

——, *Anthropology from a Pragmatic Point of View*, trans. and intro. Mary J. Gregor (The Hague, 1974)

——, 'Conjectural Beginning of Human History', trans. Allen W. Wood, in *Anthropology, History and Education*, ed. Günther Zöller (Cambridge, 2007)

——, *Critique of Judgement*, trans. John H. Bernard (New York, 2007)
繁體中文版　《判斷力批判》，康德，鄧曉芒譯，聯經出版，2020

——, 'Idea for a Universal History with a Cosmopolitan Purpose', in *Political Writings*, trans. H. B. Nisbet, ed. Hans Reiss (Cambridge, 1991)

——, *Idea of a Universal History with a Cosmopolitan Purpose*, in *Political Writings*, trans. H. B. Nisbet, ed. H. S. Reiss (New York, 1991)

——, *Lectures on Anthropology*, trans. Robert R. Clewis et. al., ed. Allen W. Wood (Cambridge, 2012)

——, *Lectures on Ethics*, trans. and ed. Peter Heath (Cambridge, 1997)

——, *The Metaphysics of Morals*, trans. and ed. Mary Gregor (Cambridge, 1996)

繁體中文版　《道德底形上學》，康德，李明輝譯，聯經出版，2015

——, *Observations on the Feeling of the Beautiful and Sublime*, trans. John T. Goldthwait (Berkeley, ca, 1960)

Kelly, Kristine M., 'Individual Differences in Reactions to Rejection', in *Interpersonal Rejection*, ed. Mark R. Leary (Oxford and New York, 2001)

Kierkegaard, Søren, *Sickness Unto Death: A Christian Psychological Exposition of Edification and Awakening by Anti-Climacus*, trans. Alastair Hannay (London and New York, 1989)

繁體中文版　《致病之死：關於造就和覺醒的基督教心理學闡述》，齊克果，林宏濤譯，商周出版，2017

Klinenberg, Eric, *Going Solo: The Extraordinary Rise and Appeal of Living Alone* (New York, 2012)

繁體中文版　《獨居時代》，艾瑞克・克林南柏格，洪世民譯，漫遊者文化，2013

Koto, Akiko, et al., 'Social Isolation Causes Mortality by Disrupting Energy Homeostasis in Ants', *Behavioral Ecology and Sociobiology,* 4 (2015)

Kraut, Robert, et al., 'Internet Paradox: A Social Technology that Reduces Social Involvement and Psychological Well-being', *American Psychologist*, 9 (1998)

——, et al., 'Internet Paradox Revisited', *Journal of Social Issues*, 1 (2002)

Kupersmidt, Janis B., et al., 'Social Self-discrepancy Theory and Loneliness During Childhood and Adolescence', in *Loneliness in Childhood and Adolescence*, ed. K. J. Rotenberg and S. Hymel (Cambridge, 1999)

L

La Rochefoucauld, François de, *Collected Maxims and Other Reflections*, trans. E. H. and A. M. Blackmore and Francine Giguère (Oxford, 2007)

繁體中文版　《僞善是邪惡向美德的致敬：人性箴言》，弗朗索瓦・德・拉羅什福柯，黃意雯譯，八旗文化，2016

Larson, Reed W., 'The Emergence of Solitude as a Constructive Domain of Experience in Early Adolescence', *Child Development*, 1 (1997)

——, 'The Solitary Side of Life: An Examination of the Time People Spend Alone from Childhood to Old Age', *Child Developmental Review*, 1 (1990)

Lau, S., and E. Gruen, 'The Social Stigma of Loneliness: Effect of Target Person's and Perceiver's Sex', *Personality and Social Psychology Bulletin*, 18 (1992)

Lawrence, D. H., *Late Essays and Articles* (Cambridge, 2004)

Leary, Mark R., et al., 'Finding Pleasure in Solitary Activities: Desire for Aloneness or Disinterest in Social Contact?', *Personality and Individual Differences*, 35 (2003)

Lemay, Edward P., and Margaret S. Clark, '"Walking on Eggshells": How Expressing Relationship Insecurities Perpetuates Them', *Journal of Personality and Social Psychology*, 2 (2008)

Lewis, C. S., *The Four Loves* (New York, 1960)

繁體中文版　《四種愛：親愛・友愛・情愛・大愛》，C・S・路易斯，梁永安譯，立緒文化，2022

Lieberman, Matthew D., *Social: Why Our Brains are Wired to Connect* (New York, 2013)

繁體中文版　《社交天性：探尋人類行爲的起點，爲什麼大腦天生愛社交？》，馬修・利伯曼，林奕伶譯，大牌出版，2022

Locke, John, *Of the Conduct of the Understanding, in The Works of John Locke: A New Edition*, vol. iii (Aalen, 1963)

——, *Two Treatises of Government* (Cambridge, 1988)

繁體中文版　《政府論》，約翰・洛克，勞英富譯，五南，2021

Long, Christopher, and James R. Averill, 'Solitude: An Exploration of Benefits of Being Alone', *Journal for the Theory of Social Behav¬iour*, 1 (2003)

Lucht, Michael J. , et al., 'Associations between the Oxytocin Receptorgene (oxtr) and Affect, Loneliness and Intelligence in Normal Subjects', *Progress in Neuro-psychopharmacology and Biological Psychiatry*, 5 (2009)

Lykes, Valerie A., and Markus Kemmelmeier, 'What Predicts Loneliness? Cultural Difference Between Individualistic and Collectivistic Societies in Europe', *Journal of Cross-cultural Psychology*, 3 (2014)

Løgstrup, K. E., *The Ethical Demand,* trans. University of Notre Dame Press (Notre Dame, in, 1997)

M

MacDonald, Geoff, and Mark R. Leary, 'Why Does Social Exclusion Hurt? The Relationship Between Social and Physical Pain', *Psychological Bulletin*, 2 (2005)

Macho, Thomas, 'Mit sich allein: Einsamkeit als Kulturtechnik', in *Einsamkeit. Archäologie der literarischen Kommunikation vi*, ed. Aleida Assman and Jan Assman (Munich, 2000)

McPherson, Michael, Lynn Smith-Lovin and Matthew E. Brashears, 'Social Isolation in America: Changes in Core Discussion Networks over Two Decades', *American Social Review*, 71 (2006)

Mahon, Noreen E., and Adela Yarcheski, 'Alternate Explanations of Loneliness in Adolescents: A Replication and Extension Study', *Nursing Research*, 41 (1992)

——, and Adela Yarcheski, 'Loneliness in Early Adolescents: An Empirical Test of Alternate Explanations', *Nursing Research*, 37 (1988)

Maner, Jon K. , et al., 'Does Social Exclusion Motivate Interpersonal Reconnection? Resolving the "Porcupine Problem"', *Journal of Personality and Social Psychology*, 1 (2007)

Marar, Ziyad, *The Happiness Paradox* (London, 2003)

Marche, Stephen, 'Is Facebook Making Us Lonely?', *The Atlantic*, March 2012, www.theatlantic.com/magazine/archive/2012/05/is-facebook-making-us-lonely/308930

Marquard, Odo, *Farewell to Matters of Principle*, trans. Robert M. Wallace (New York and Oxford, 1989)

——, 'Plädoyer für die Einsamkeitsfähigkeit', in *Skepsis und Zustim¬mung. Philosophische Studien* (Stuttgart, 1995)

Masi, Christopher M., et al., 'A Meta-analysis of Interventions to Reduce Loneliness', *Personality and Social Psychology Review*, 3 (2011)

May, Simon, *Love: A History* (New Haven, ct, and London, 2011)

Mayers, Aviva M., Siek-Toon Khoo and Martin Svartberg, 'The Existential Loneliness Questionnaire: Background, Development, and Preliminary Findings', *Journal of Clinical Psychology*, 9 (2002)

Mead, George H., *Mind, Self and Society* [1934] (Chicago and London, 1967).

Meer, Tom van der, and Jochem Tolsma, 'Ethnic Diversity and its Effects on Social Cohesion', *Annual Review of Sociology*, 40 (2014)

Mellor, David, et al., 'Need for Belonging, Relationship Satisfaction, Loneliess, and Life Satisfaction', *Personality and Individual Differences*, 45 (2008)

Mijuskovic, Ben Lazare, *Loneliness in Philosophy, Psychology and*

Literature, 3rd edn (Bloomington, in, 2012)

Mill, John Stuart, *Collected Works of John Stuart Mill, vol. iii: Principles of Political Economy with Some of their Applications to Social Philosophy* (Toronto and London, 1974)

Milligan, Tony, *Love* (Durham, 2001)

Milton, John, *Paradise Lost* (London, 2000)

繁體中文版　《失樂園》，約翰・密爾頓，邱源貴譯，聯經出版，1994

Monbiot, George, 'The Age of Loneliness is Killing Us', *The Guardian*, 14 October 2014

Montaigne, Michel de, 'Of Friendship', in Essays, trans. Charles Cotton, ed. William Carew (Auckland, 2009)

繁體中文版　《蒙田隨筆・第一卷》，〈論友愛〉，蒙田，馬振騁譯，五南，2019

——, 'Of Solitude', in *Essays*, trans. Charles Cotton, ed. William Carew Hazlitt (Auckland, 2009)

繁體中文版　《蒙田隨筆・第一卷》，〈論退隱〉，蒙田，馬振騁譯，五南，2019

——, 'Of Three Commerces', in *Essays*, trans. Charles Cotton, ed. William Carew Hazlitt

(Auckland, 2009)
繁體中文版　《蒙田隨筆‧第三卷》，〈論三種交往〉，蒙田，馬振騁譯，五南，2019
Moody, Eric J., 'Internet Use and its Relationship to Loneliness', *CyberPsychology and Behavior*, 3 (2001)
Moore, Barrington, Jr, *Privacy: Studies on Social and Cultural History* (Armonk, ny, 1984)
Murakami, Haruki, *Colorless: Tsukuru Tazaki and His Years of Pilgrimage*, trans. Philip Gabriel (New York, 2012)
繁體中文版　《沒有色彩的多崎作和他的巡禮之年》，村上春樹，賴明珠譯，時報出版，2013
Murray, Sandra L., et al., 'Balancing Connectedness and Self-protection Goals in Close Relationships: A Levels-of-processing Perspective on Risk Regulation', *Journal of Personality and Social Psychology*, 3 (2008)
Musick, Kelly, and Larry Bumpass, 'Reexamining the Case for Marriage: Union Formation and Changes in Well-being', *Journal of Marriage and Family*, 1 (2012)
Mykle, Agnar, *Largo* (Oslo, 1968)

N

Næss, Kristine, *Bare et menneske* (Oslo, 2014)
Nietzsche, Friedrich, *Beyond Good and Evil, trans. Judith Norman*, ed. Rolf-Peter Horstmann and Judith Norman (Cambridge, 2002)
繁體中文版　《善惡的彼岸：一個未來哲學的序曲》，尼采，趙千帆譯，大家出版，2015
——, *Daybreak: Thoughts on the Prejudices of Morality*, trans. R. J. Hollingdale, ed. Maudemarie Clark and Brian Leiter (Cambridge, 1997)
——, *The Gay Science*, trans. Josefine Nauckhoff, ed. Bernard Williams (Cambridge, 2003)
繁體中文版　尼采如是說：《查拉圖斯特拉如是說》＋《悲劇的誕生》＋《歡悅的智慧》＋《瞧，這個人》，尼采，陳永紅譯，野人，2022

——, *Human, All Too Human: Parts One and Two*, trans. Helen Zimmern and Paul V. Cohn (Mineola, ny, 2006)

——, *Nachgelassene Fragmente*, 1880–1882, in *Kritische Studienausgabe*, vol. ix (Munich, Berlin and New York, 1988)

——, *Thus Spoke Zarathustra: A Book for Everybody and Nobody*, trans. Graham Parkes (Oxford, 2005)

繁體中文版　《查拉圖斯特拉如是說》，尼采，錢春綺譯，大家出版，2014

Norman, Greg J., et al., 'Oxytocin Increases Autonomic Cardiac Control: Moderation by Loneliness', *Biological Psychology*, 3 (2011)

O

OECD, *Society at a Glance, 2011*: OECD *Social Indicators* (OECD Publishing, 2011)

——, *Society at a Glance, 2014*: OECD *Social Indicators* (OECD Publishing, 2014)

Olds, Jacqueline, and Richard S. Schwartz, *The Lonely American: Drifting Apart in the Twenty-first Century* (Boston, ma, 2009)

Ortony, Andrew, et al., *The Cognitive Structure of the Emotions* (Cambridge, 1998)

Ozcelic, Akan, and Sigal Barsade, 'Work Loneliness and Employee Performance', http://webpages.csus.edu/~ozcelikh/Ozcelik_Barsade_Work_Loneliness_Paper.pdf, accessed 19 April 2015

P

Pascal, Blaise, *Pensées,* trans. W. F. Trotter (Mineola, ny, 2003)

繁體中文版　《思想錄》，帕斯卡爾，何兆武譯，五南，2020

Peplau, Letitia Anne, and Daniel Perlman, 'Perspectives on Loneliness', in *Loneliness: A Sourcebook of Current Theory, Research and Therapy*, ed. Letitia Anne Peplau and Daniel Perlman (New York, 1982)

Perlman, Daniel, and Letitia Anne Peplau, 'Toward a Social Psychology of Loneliness', in *Personal Relationships, 3: Personal Relationships in Disorder*, ed. S. W. Duck and R. Gilmour (London, 1981)

Petrarch, *The Life of Solitude*, trans. Jacob Zeitlin (Urbana, il, 1978)

Pinquart, Martin, and Silvia Sorensen, 'Influences on Loneliness in Older Adults: A Meta analysis', *Basic and Applied Social Psychology*, 4 (2001)

Plato, *Symposium*, trans. Seth Benardete (Chicago, il, 2001)

繁體中文版　《會飲篇》，柏拉圖，朱光潛譯，五南，2022

Putnam, Robert, *Bowling Alone* (New York, 2000)

Q

Quindoz, Jean-Michel, *The Taming of Solitude: Separation Anxiety in Psychoanalysis*, trans. Philip Slotkin (London, 1993)

R

Rainie, Harrison, and Barry Wellman, *Networked: The New Social Operating System* (Cambridge, ma, 2012)

Reis, Harry T., 'The Role of Intimacy in Interpersonal Relations', *Journal of Social and Clinical Psychology*, 9 (1990)

Rilke, Rainer Maria, *Letters to a Young Poet*, trans. Reginald Snell (Mineola, ny, 2002)

繁體中文版　《給青年詩人的信》，里爾克，馮至譯，聯經出版，2004

Rojas, Yerko, *Childhood Social Exclusion and Suicidal Behavior in*

Adolescence and Young Adulthood (Stockholm, 2014)

Rokach, Ami, 'The Effect of Age and Culture on the Causes of Loneliness', *Social Behaviour and Personality*, 2 (2007)

——, et al., 'The Effects of Culture on the Meaning of Loneliness', Social Indicators Research, 53 (2001)

Rotenberg, Ken J, 'Loneliness and Interpersonal Trust', *Journal of Social and Clinical Psychology*, 2 (1994)

——, 'Parental Antecedents of Children's Loneliness', in *Loneliness in Childhood and Adolescence*, ed. Ken J. Rotenberg and Shelly Hymel (Cambridge, 1999)

——, and Jane Kmill, 'Perception of Lonely and Non-lonely Persons as a Function of Individual Differences in Loneliness', *Journal of Social and Personal Relationships*, 2 (1992)

——, et al., 'The Relation between Trust Beliefs and Loneliness during Early Childhood, Middle Childhood, and Adulthood', *Personality and Social Psychology Bulletin*, 8 (2010)

——, et al., 'The Relationship between Loneliness and Interpersonal Trust during Middle Childhood', *Journal of Genetic Psychology*, 3 (2004)

Rousseau, Jean-Jacques, *Discourse on the Origin of Inequality*, trans. and ed. Greg Boroson (Mineola, ny, 2004)

繁體中文版　《論人類不平等的起源和基礎》，盧梭，張露譯，五南，2019

——, *Emile, or, On Education*, trans. Allan Bloom (New York, 1979)

繁體中文版　《愛彌兒》，盧梭，李平漚譯，五南，2012

——, *The Reveries of the Solitary Walker*, trans. Charles E. Butterworth (Indianapolis, in, 1992)

繁體中文版　《一個孤獨漫步者的遐想》，盧梭，袁筱一譯，自由之丘，2020

Russell, Bertrand, *Autobiography* (London, 2010)

——, *Unpopular Essays* (London/New York, 2009)

Russell, Daniel W., et al., 'Is Loneliness the Same as Being Alone?', *Journal of Psychology*, 1–2 (2012)

S

Sandel, Michael, *Liberalism and the Limits of Justice* (Cambridge, 1982)

Sartre, Jean-Paul, *Being and Nothingness*, trans. Hazel E. Barnes (New York, 1956)

繁體中文版　《存在與虛無》，沙特，陳宣良、杜小眞譯，左岸文化，2012

——, *Nausea*, trans. Lloyd Alexander (New York, 2007)

繁體中文版　《嘔吐》，沙特，嚴慧瑩譯，麥田，2023

Scarry, Elaine, *The Body in Pain: The Making and the Unmaking of the World* (Oxford, 1985)

Schlögel, Karl, *Moscow, 1937*, trans. Rodney Livingstone (Cambridge, 2012)

Schopenhauer, *Arthur, Parerga and Paralipomelia: A Collection of Philosophical Essays*, trans. T.

Bailey Saunders (New York, 2007)

Sen, Amartya, *Rationality and Freedom* (Cambridge, 2002)

Sennett, Richard, *The Fall of Public Man* (London, 2002)

繁體中文版　《再會吧！公共人》，理查・桑內特，萬毓澤、國立編譯館譯，群學，2008

Sermat, Vello, 'Some Situational and Personality Correlates of Loneliness', in *The Anatomy of Loneliness,* ed. Joseph Hertog, J. Ralph Audy and Yehudi A. Cohen (New York, 1980)

Shaftesbury, Anthony Ashley Cooper, Earl of, *Characteristics of Men, Manners, Opinions, Times* (Cambridge, 2000)

Shallcross, Sandra L., and Jeffrey A. Simpson, 'Trust and Responsiveness in Strain-test Situations: A Dyadic Perspective', *Journal of Personality and Social Psychology*, 5 (2012)

Shaver, Philip Wyndol Furman, and Duane Buhrmester, 'Transition to College: Network Changes, Social Skills, and Loneliness', in *Understanding Personal Relationships: An Interdisciplinary Approach*, ed. Steve Duck and Daniel Perlman (Thousand Oaks, ca, 1985)

Simmel, Georg, 'Die beiden Formen des Individualismus', in *Aufsätze und Abhandlungen*, 1901–1908, Gesamtausgabe Band 7 (Frankfurt, 1995)

——, Kant. *Die Probleme der Geschichtsphilosophie (1905/1907)*, Gesamtausgabe Band 9 (Frankfurt, 1995)

——, 'Kant und der Individualismus', in *Aufsätze und Abhandlungen, 1901–1908*, Gesamtausgabe Band 7 (Frankfurt, 1995)

——, 'The Metropolis and Mental Life', trans. Allen J. Scott, in *The Blackwell City Reader*, 2nd edn, ed. Gary Bridge and Sophie Watson (Oxford, 2010)

——, *The Philosophy of Money*, trans. Tom Bottomore and David Frisby (New York, 2004)

——, *Sociology: Inquiries into the Construction of Social Forms*, vol. i. trans. and ed. Anthony J. Blasi, Anton K. Jacobs and Matthew Kanjirathinkal (Leiden, 2009)

Slater, Philip, *The Pursuit of Loneliness: American Culture at the Breaking Point* (Boston, ma,

1970)

Sloterdijk, Peter, *You Must Change Your Life*, trans. Wieland Hoban (Cambridge and Malden, ma, 2013)

Smith, Adam, *Theory of Moral Sentiments*, Glasgow edition, vol. i (Indianapolis, in, 1976)

繁體中文版　《道德情操論》，亞當・史密斯，康綠島譯，狠角舍文化，2011

Solano, Cecilia H., Phillip G. Batten and Elizabeth A. Parish, 'Loneliness and Patterns of Self-disclosure', *Journal of Personality and Social Psychology*, 3 (1982)

Spitzberg, Brian H., and Daniel J. Canary, 'Loneliness and Relationally Competent Communication', *Journal of Social and Personal Relationships*, 2 (1985)

Stendhal, *On Love*, trans. Philip Sidney Woolf and Cecil N. Sidney Woolf (New York, 1916)

Stillman, Tyler F., et al., 'Alone and Without Purpose: Life Loses Meaning Following Social Exclusion', *Journal of Experimental Social Psychology*, 4 (2009)

Stravynski, Ariel, and Richard Boyer, 'Loneliness in Relation to Suicide Ideation and Parasuicide, a Population-wide Study', *Suicide and Life-threatening Behavior*, 1 (2001)

Svendsen, Lars, *A Philosophy of Boredom*, trans. John Irons (London, 2005)

繁體中文版　《最近比較煩：一個哲學思考》，拉斯・史文德森，黃煜文譯，商周出版，2009

——, *A Philosophy of Freedom*, trans. Kerri Pierce (London, 2014)

T

Taylor, Charles, *Philosophical Papers, vol. i: Human Agency and Language* (Cambridge, 1985)

——, *The Ethics of Authenticity* (Cambridge, 1992)

Teppers, Eveline, et al., 'Personality Traits, Loneliness, and Attitudes Toward Aloneness in Adolescence', *Journal of Social and Personal Relationships*, 8 (2013)

Terrell, Francis, Ivanna S. Terrell and Susan R. von Drashek, 'Loneliness and Fear of Intimacy among Adolescents who were Taught Not to Trust Strangers During Childhood', *Adolescence*, 35 (2000)

Thompson, Irene Taviss, 'The Theory that Won't Die: From Mass Society to the Decline of Social Capital', *Sociological Forum*, 3 (2005)

Thoreau, Henry D., Walden, *A Fully Annotated Edition* (New Haven, ct, and London, 2004)

繁體中文版　《湖濱散記》，亨利・梭羅，林麗雪譯，野人，2020

Tilburg, Theo van, 'The Size of Supportive Network in Association with the Degree of Loneliness', in *Social Network Research: Substantive Issues and Methodological Questions,* ed. C.P.M. Knipscheer and T. C. Antonucci (London, 1990)

Tocqueville, Alexis de, 'A Fortnight in the Wilderness', in *Democracy in America*, Historical-critical edition, trans. James T. Schleifer (Indianapolis, in, 2010)

——, *Democracy in America*, Historical-critical edition, trans. James T. Schleifer (Indianapolis, in, 2010)

繁體中文版　《論美國的民主》，亞歷克西・德・托克維爾，董果良譯，五南，2022

——, 'Journey to Lake Oneida', in *Democracy in America*, Historicalcritical edition, trans. James T. Schleifer (Indianapolis, in, 2010)——, *Selected Letters on Politics and Society*, trans. James Toupin and Roger Boesche (Berkeley, Los Angeles and London, 1985)

Tolstoy, Leo, *Family Happiness and Other Stories* (New York, 2005)

Tornstam, Lars, 'Loneliness in Marriage', *Journal of Social and Personal Relationships*, 2 (1995)

Turkle, Sherry, *Alone Together: Why We Expect More from Technology and Less from Each Other* (New York, 2011)

繁體中文版　《在一起孤獨》，雪莉・特克，洪世民譯，時報出版，2017

Twenge, Jean M., and W. Keith Campbell, *The Narcissism Epidemic: Living in the Age of Entitlement* (New York, 2013)

——, Kathleen R. Catanese and Roy F. Baumeister, 'Social Exclusion Causes Self-defeating Behavior', *Journal of Personality and Social Psychology*, 83 (2002)

——, Kathleen R. Catanese and Roy F. Baumeister, 'Social Exclusion and the Deconstructed State: Time Perception, Meaninglessness Lethargy, Lack of Emotion, and Self-

awareness', *Journal of Personality and Social Psychology*, 85 (2003)

——, et al., 'If you Can't Join Them, Beat Them: Effects of Social Exclusion on Aggressive Behavior', *Journal of Personality and Social Psychology*, 81 (2001)

——, et al., 'Social Exclusion Decreases Prosocial Behavior', *Journal of Personality and Social Psychology*, 92 (2007)

V

Vanhalst, Janne, et al., 'The Development of Loneliness from Mid- to Late Adolescence: Trajectory Classes, Personality Traits, and Psychosocial Functioning', *Journal of Adolescence*, 5 (2012)

Vaux, Alan, 'Social and Emotional Loneliness: The Role of Social and Personal Characteristics', *Personality and Social Psychology Bulletin*, 14 (1988)

Victor, Christina R., and Keming Yang, 'The Prevalence of Loneliness Among Adults: A Case Study of the United Kingdom', *Journal of Psychology*, 1–2 (2012)

——, Sasha Scrambler and John Bond: *The Social World of Older People* (Maidenhead, 2009)

——, et al., 'Has Loneliness Amongst Older People Increased? An Investigation into Variations between Cohorts', *Ageing and Society*, 22 (2002)

W

Wang, Guoying, et al., 'Loneliness among the Rural Older People in Anhui, China: Prevalence and Associated Factors', *International Journal of Geriatric Psychiatry*, 1 (2011)

Wanzer, Melissa Bekelja, Melanie Booth-Butterfield and Steve Booth-Butterfield, 'Are Funny People Popular? An Examination of Humor Orientation, Loneliness, and Social Attraction', *Communication Quarterly*, 1 (1996)

Weber, Max, *The Protestant Ethic and the Spirit of Capitalism* (London and New York, 1992)

繁體中文版　《基督新教倫理與資本主義精神》韋伯，康樂、簡惠美譯，遠

流，2020

Weintraub, Jeff, and Krishan Kumar, eds, *Public and Private in Thought and Practice: Reflections on a Grand Dichotomy* (Chicago, il, 1997)

Weisbuch, Max, and Nalini Ambady, 'Affective Divergence: Automatic Responses to Others' Emotions Depend on Group Membership', *Journal of Personality and Social Psychology*, 5 (2008)

Weiss, Robert S., *Loneliness: The Experience of Emotional and Social Isolation* (Cambridge, ma, 1975)

Wheeler, Ladd, Harry Reis and John Nezlek, 'Loneliness, Social Interaction, and Sex Roles', *Journal of Personality and Social Psychology*, 4 (1983)

Whitty, Monica T., and Deborah McLaughlin: 'Online Recreation: The Relationship between Loneliness, Internet Self-efficacy and the Use of the Internet for Entertainment Purposes', *Computers in Human Behaviour*, 3 (2007)

Williams, Kipling D., 'Ostracism: The Impact of Being Rendered Meaningless', in *The Social Psychology of Meaning, Mortality, and Choice*, ed. Philip R. Shaver and Mario Mikulincer (Washington, dc, 2012)

Wilson, Timothy D., et al., 'Just Think: The Challenges of the Disengaged Mind', *Science*, 6192 (2014)

Wittgenstein, Ludwig, *The Blue Book* (Oxford, 1958)

——, *Philosophical Investigations*, 2nd edn, trans. G.E.M. Anscombe (Oxford, 1986)

繁體中文版　《哲學研究》，路德維希・維根斯坦，尚志英譯，桂冠，1995

——, *Philosophical Occasions*, 1912–1951 (Indianapolis, in, and Cambridge, 1993)

——, *Tractatus logico-philosophicus*, trans. D. F. Pears and B. F. McGuinness (London, 2004)

繁體中文版　《邏輯哲學論叢》，路德維希・維根斯坦，韓林合譯，五南，2021

Wollebæk, Dag, and Signe Bock Segaard, *Sosial kapital i Norge* (Oslo, 2011)

Wordsworth, William, *The Prelude: The Four Texts (1798, 1799, 1805, 1850)* (London, 1995)

Y

Yang, Keming, and Christina R. Victor, 'Age and Loneliness in 25 European Nations', *Ageing and Society*, 31 (2001)

——, and Christina R. Victor, 'The Prevalence of and Risk Factors for Loneliness among Older People in China', 3 (2008)

Young, J. E., 'Loneliness, Depression, and Cognitive Therapy: Theory And Application', in *Loneliness: A Sourcebook of Current Theory, Research and Therapy*, ed. Letitia Anne Peplau and Daniel Perlman (New York, 1982)

Z

Zimmerman, Johann Goerg, *Über gesellschaft und Einsamkeit*, 4 vols (Leipzig, 1784/5)

孤獨的哲學

Ensomhetens filosofi

作者　拉斯・史文德森 Lars Fr. H. Svendsen
譯者　黃煜文

副社長　陳瀅如
總編輯　戴偉傑
主編　李佩璇
編輯　邱子秦
編輯協力　于念平
行銷企劃　陳雅雯、張詠晶

內文排版　張家榕
封面設計　徐睿紳

出版　木馬文化事業股份有限公司
發行　遠足文化事業股份有限公司（讀書共和國出版集團）

地址　231新北市新店區民權路108-4號8樓
電話　(02)2218-1417
傳真　(02)2218-0727
Email　service@bookrep.com.tw
郵撥帳號　19588272 木馬文化事業股份有限公司
客服專線　0800-221-029

法律顧問　華洋法律事務所　蘇文生律師
印刷　漾格科技股份有限公司

初版　2024年1月
初版二刷　2024年3月
定價　380元
ISBN　978-626-314-547-4

孤獨的哲學／拉斯・史文德森（Lars Svendsen）作；
新北市：木馬文化事業股份有限公司出版：
遠足文化事業股份有限公司發行，2024.01
288 面；14.8×21 公分
譯自：A Philosophy of Loneliness.
ISBN 978-626-314-547-4（平裝）

1.CST：孤獨感 2.CST：哲學

176.5　　112018964